中华人民共和国行业标准

公路项目安全性评价规范

Specifications for Highway Safety Audit

JTG B05—2015

主编单位：华杰工程咨询有限公司
批准部门：中华人民共和国交通运输部
实施日期：2016 年 04 月 01 日

人民交通出版社股份有限公司

图书在版编目（CIP）数据

公路项目安全性评价规范：JTG B05—2015／华杰工程咨询有限公司主编. — 北京：人民交通出版社股份有限公司，2016.2

ISBN 978-7-114-12806-6

Ⅰ.①公… Ⅱ.①华… Ⅲ.①道路工程—安全评价—规范 Ⅳ.①U415.12-65

中国版本图书馆 CIP 数据核字（2016）第 029362 号

标准类型：	中华人民共和国行业标准
标准名称：	公路项目安全性评价规范
标准编号：	JTG B05—2015
主编单位：	华杰工程咨询有限公司
责任编辑：	李 农
出版发行：	人民交通出版社股份有限公司
地　　址：	（100011）北京市朝阳区安定门外外馆斜街3号
网　　址：	http://www.ccpress.com.cn
销售电话：	（010）59757973
总 经 销：	人民交通出版社股份有限公司发行部
经　　销：	各地新华书店
印　　刷：	北京市密东印刷有限公司
开　　本：	880×1230　1/16
印　　张：	5
字　　数：	112 千
版　　次：	2016年3月　第1版
印　　次：	2023年3月　第6次印刷
书　　号：	ISBN 978-7-114-12806-6
定　　价：	45.00元

（有印刷、装订质量问题的图书，由本公司负责调换）

中华人民共和国交通运输部

公　告

第 59 号

交通运输部关于发布
《公路项目安全性评价规范》的公告

现发布《公路项目安全性评价规范》（JTG B05—2015），作为公路工程行业标准，自2016年4月1日起施行，原《公路项目安全性评价指南》（JTG/T B05—2004）同时废止。

《公路项目安全性评价规范》（JTG B05—2015）的管理权和解释权归交通运输部，日常解释和管理工作由主编单位华杰工程咨询有限公司负责。

请各有关单位注意在实践中总结经验，及时将发现的问题和修改建议函告华杰工程咨询有限公司（地址：北京市朝阳区安苑路20号世纪兴源大厦8层，邮政编码：100029），以便修订时研用。

特此公告。

中华人民共和国交通运输部
2015 年 12 月 23 日

交通运输部办公厅　　　　　　　　　　　　　　　　2015 年 12 月 24 日印发

前 言

根据交通运输部厅公路字〔2011〕115号《关于下达2011年度公路工程标准制修订项目计划的通知》的要求，华杰工程咨询有限公司承担《公路项目安全性评价指南》（JTG/T B05—2004）（简称"指南"）的修订工作。

《公路项目安全性评价指南》（JTG/T B05—2004）自2004年11月实施以来，作为公路工程行业与安全性评价相关的首部推荐性标准，对完善公路设施，改善交通安全环境，提升公路安全水平起到了重要作用。随着我国公路交通的快速发展，人们对交通安全的需求与日俱增，强化推广和应用公路项目安全性评价已是形势所需。

本次修订工作吸收了近年来国内外相关研究成果和实践经验，统筹把握了当前安全性评价工作的重点，体现了"平安交通"的发展要求，对指南进行了全面修订和扩充，以《公路项目安全性评价规范》（JTG B05—2015）颁布实施。

本规范包括7章和3个附录，分别为：1 总则；2 术语；3 工程可行性研究阶段；4 初步设计阶段；5 施工图设计阶段；6 交工阶段；7 后评价；附录A 安全性评价报告格式；附录B 运行速度计算方法；附录C 路侧净区宽度计算方法。本次修订的主要内容如下：

(1) 补充了各阶段安全性评价的重点和评价流程要求。
(2) 新增了各阶段安全性评价结论内容和深度的要求。
(3) 新增了各阶段二级公路、三级公路及改扩建公路的评价内容。
(4) 调整了设计阶段章节内容，并按照初步设计阶段和施工图设计阶段编写。
(5) 新增了交工阶段章节条文。
(6) 调整了运营阶段章节部分条文内容，并将运营阶段条文纳入后评价章节。
(7) 补充完善了高速公路、一级公路、二级公路、三级公路运行速度计算方法。
(8) 调整了安全性评价报告格式。

请各有关单位在执行过程中，将发现的问题和意见函告华杰工程咨询有限公司（地址：北京市朝阳区安苑路20号世纪兴源大厦8层，邮政编码：100029，电话：010-84898688，传真：010-84896981；电子邮箱：safety@huajie.com.cn），以便下次修订时参考。

主 编 单 位： 华杰工程咨询有限公司
参 编 单 位： 交通运输部公路科学研究院
　　　　　　　　同济大学

主　　　　编：	王宏元
主要参编人员：	钟小明　周荣贵　贾　嘉　方　靖　唐琤琤　郭忠印　杨　轸
主　　　　审：	陈永耀
参与审查人员：	鲍　钢　陈　飚　陈建壮　郭　敏　郭腾峰　韩凤春　黄曰铜 姜友生　廖朝华　林　飞　刘　冰　刘会学　荣　建　孙小端 涂　耘　王　菁　杨春晖　占　辉　张梅钗　庄凌云

目　次

1 总则 ··· 1
2 术语 ··· 2
3 工程可行性研究阶段 ··· 3
　3.1 一般规定 ·· 3
　3.2 评价方法 ·· 3
　3.3 评价内容 ·· 3
　3.4 评价结论 ·· 4
4 初步设计阶段 ·· 5
　4.1 一般规定 ·· 5
　4.2 评价方法 ·· 5
　4.3 总体评价 ·· 5
　4.4 比选方案评价 ··· 6
　4.5 设计要素评价 ··· 6
　4.6 评价结论 ··· 10
5 施工图设计阶段 ··· 11
　5.1 一般规定 ··· 11
　5.2 评价方法 ··· 11
　5.3 总体评价 ··· 11
　5.4 设计要素评价 ·· 12
　5.5 评价结论 ··· 15
6 交工阶段 ··· 16
　6.1 一般规定 ··· 16
　6.2 评价方法 ··· 16
　6.3 总体评价 ··· 16
　6.4 公路安全状况评价 ··· 16
　6.5 评价结论 ··· 18
7 后评价 ·· 20
　7.1 一般规定 ··· 20
　7.2 评价方法 ··· 20
　7.3 总体评价 ··· 20
　7.4 公路安全状况评价 ··· 21

7.5 评价结论	24
附录 A 安全性评价报告格式	25
附录 B 运行速度计算方法	29
附录 C 路侧净区宽度计算方法	41
本规范用词用语说明	43
附件 《公路项目安全性评价规范》（JTG B05—2015）条文说明	45
1 总则	47
2 术语	48
3 工程可行性研究阶段	49
4 初步设计阶段	50
5 施工图设计阶段	59
6 交工阶段	68
7 后评价	70

1 总则

1.0.1 为规范公路项目安全性评价，制定本规范。

1.0.2 本规范适用于实施公路项目安全性评价的高速公路、一级公路、二级公路和三级公路。

1.0.3 本规范适用于公路项目的工程可行性研究阶段、初步设计阶段、施工图设计阶段、交工阶段和后评价。

1.0.4 安全性评价代表车型应采用《公路工程技术标准》（JTG B01—2014）规定的设计车辆，并应考虑公路项目的实际交通组成情况。

1.0.5 公路项目安全性评价除应符合本规范的规定外，尚应符合国家和行业现行有关标准的规定。

2 术语

2.0.1 公路项目安全性评价 highway safety audit

从公路使用者的角度，按一定的评价程序，采用定性和定量的方法，对公路交通安全进行的全面、系统的分析与评价。在公路交通行业也称为公路安全性评价、交通安全评价、行车安全评价，或简称为安全性评价、安全评价、安全评估。

2.0.2 运行速度协调性 consistency of operating speed

评价线形设计一致性的指标，采用相邻路段运行速度差值，以及同一路段运行速度与设计速度差值进行评价。

2.0.3 安全检查清单 safety audit checklist

根据事故预防原理、设计标准以及公路安全工程经验等编制的安全检查表。

3 工程可行性研究阶段

3.1 一般规定

3.1.1 本阶段评价重点应为走廊带及工程方案对交通安全、社会和环境的影响。

3.1.2 新建公路应针对同深度比选的走廊带方案进行评价。

3.1.3 改扩建公路应分析既有公路交通安全特点，评价改扩建方案对交通安全的影响。

3.2 评价方法

3.2.1 本阶段宜采用经验分析法或安全检查清单进行评价。

3.2.2 改扩建公路对既有公路进行交通安全特点分析时，应符合本规范第7.3节和第7.4节的有关规定。

3.3 评价内容

3.3.1 工程方案评价应符合下列规定：
1 应根据地形条件、交通组成等，评价工程建设对交通安全的影响。改扩建公路应评价改扩建后对交通安全的影响。
2 应根据预测交通量，评价路线起讫点与其他公路的连接方式、交通组织等对交通安全的影响。
3 应评价急弯陡坡、连续上坡、连续长陡下坡，路侧有悬崖、深谷、深沟、江河湖泊等危险路段对交通安全的影响。
4 应评价特大桥、特长隧道等大型构造物的选址、规模和安全运营需求等对交通安全的影响。
5 应根据路网条件、出入交通量及沿线城镇布局等，评价互通式立体交叉选址、形式，相邻互通式立体交叉之间，互通式立体交叉与隧道等大型构造物以及管理、服务设施之间关系等对交通安全的影响。

　　6　应根据地形条件、主线技术指标、相交公路状况、预测交通量等，评价平面交叉的选址、形式、交通组织及交叉口间距等对交通安全的影响。

　　7　应评价与项目交叉或临近的铁路、油气管道、高压输电线路等对交通安全的影响。

　　8　应根据穿越村镇、居民区、牧区、林区等情况，评价路侧干扰等对交通安全的影响。

　　9　改扩建公路在施工期间不中断交通或将主线交通量分流到相关道路时，应评价改扩建方案交通组织及采取的相应安全措施。

3.3.2 应根据降雨、冰冻、积雪、雾、侧风等自然气象条件，评价气象条件对交通安全的影响。

3.3.3 应评价在发生自然灾害或严重交通事故而造成交通中断时，路线方案与相关路网配合进行应急救援和紧急疏散的能力。

3.3.4 应根据动物活动区及动物迁徙路线，评价设置隔离栅或动物通道的必要性。

3.4　评价结论

3.4.1 评价结论应列出安全分析结果，明确影响项目交通安全的重点问题，并针对下阶段的设计提出改进对策和建议。

3.4.2 改扩建公路应明确影响既有公路交通安全的重点问题在改扩建后能否得到改善或解决。

4 初步设计阶段

4.1 一般规定

4.1.1 本阶段评价重点应为路线方案及其技术指标的运用情况、结构物布设的合理性、交通工程及沿线设施建设规模的合理性等。

4.1.2 应进行总体评价、比选方案评价和设计要素评价。比选方案评价应针对各同深度比选方案进行，设计要素评价应针对推荐方案进行。

4.1.3 依据本规范对公路项目进行初步设计阶段安全性评价，《公路项目安全性评价报告》格式应符合本规范附录 A 的有关规定。

4.2 评价方法

4.2.1 比选方案评价宜采用经验分析法或安全检查清单等方法。

4.2.2 设计要素评价可采用运行速度协调性分析等方法。

4.3 总体评价

4.3.1 应根据技术标准、地形、地质、气候条件、预测交通量及其交通组成、大型构造物分布等，评价公路项目特点对交通安全的影响。

4.3.2 改扩建公路利用既有公路的路段时，应根据既有公路运营状况、交通事故等，分析该路段的特点，并按现行技术标准对利用路段的设计指标进行评价。

4.3.3 应对工程可行性研究批复中与交通安全相关意见的执行情况进行核查。

4.3.4 当工程可行性研究阶段进行过安全性评价时，应对安全性评价意见的响应情况进行核查。

4.4 比选方案评价

4.4.1 应评价各方案存在的急弯陡坡、连续上坡、连续长陡下坡，路侧有悬崖、深谷、深沟、江河湖泊等危险路段对交通安全的影响。

4.4.2 应评价各方案设置的特大桥、特长隧道及隧道群、互通式立体交叉、重要平交路口、服务设施等与路线总体布局的协调性及其对交通安全的影响。

4.4.3 应评价不利气象或环境对各方案交通安全的影响。

4.4.4 改扩建公路尚应评价各改扩建方案的路线线形顺接、拼宽、拼接和既有交通安全设施的再利用等对交通安全的影响。

4.5 设计要素评价

4.5.1 设计速度80km/h及以下的公路应进行运行速度协调性评价。运行速度协调性评价应符合下列规定：

1 运行速度协调性评价应包括相邻路段运行速度协调性评价和同一路段运行速度与设计速度协调性评价。

2 运行速度应按本规范附录B提供的方法进行预测，并应根据项目所在地区特点对计算模型进行参数标定。条件不具备时，相关参数可按本规范附录B取值。

3 相邻路段运行速度协调性采用相邻路段运行速度差值的绝对值$|\Delta v_{85}|$及运行速度梯度的绝对值$|\Delta I_v|$进行评价。相邻路段运行速度协调性评价标准应符合表4.5.1的规定。

表 4.5.1 相邻路段运行速度协调性评价标准

相邻路段运行速度协调性	评价标准	对策与建议
高速公路、一级公路		
好	$|\Delta v_{85}| < 10\text{km/h}$ 且 $|\Delta I_v| \leq 10\text{km/}(h \cdot m)$	
较好	$10\text{km/h} \leq |\Delta v_{85}| < 20\text{km/h}$ 且 $|\Delta I_v| \leq 10\text{km/}(h \cdot m)$	相邻路段为减速时，宜对相邻路段平纵面设计进行优化，或采取安全改善措施
不良	$|\Delta v_{85}| \geq 20\text{km/h}$ 或 $|\Delta I_v| > 10\text{km/}(h \cdot m)$	相邻路段为减速时，应调整相邻路段平纵面设计；当调整困难时，应采取安全改善措施

续表 4.5.1

相邻路段运行速度协调性	评 价 标 准	对策与建议
二级公路、三级公路		
好	$\|\Delta v_{85}\| < 20\text{km/h}$ 且 $\|\Delta I_v\| \leq 15\text{km/(h·m)}$	
不良	$\|\Delta v_{85}\| \geq 20\text{km/h}$ 或 $\|\Delta I_v\| > 15\text{km/(h·m)}$	相邻路段为减速时，应调整相邻路段平纵面设计，或采取安全改善措施

4 运行速度与设计速度协调性采用同一路段运行速度与设计速度的差值进行评价。当差值大于20km/h时，应根据运行速度对该路段的相关技术指标进行评价。

5 改扩建公路应对新建路段与利用的既有路段整体考虑评价运行速度协调性。

4.5.2 路线评价应符合下列规定：

1 公路平面评价应符合下列规定：

1）应根据运行速度，对采用接近最小半径的圆曲线进行评价。

2）宜结合运行速度、视觉条件等，对回旋线参数及长度、曲线间直线长度、平曲线长度进行评价。

3）应对回头曲线前后线形的连续性和均衡性、回头曲线间距等进行评价。

4）宜对卵形曲线、复合曲线等特殊曲线进行评价。

2 视距评价应符合下列规定：

1）高速公路、一级公路应对停车视距进行评价；二级公路、三级公路应对停车视距、会车视距和超车视距进行评价。

2）高速公路、一级公路以及大型车比例较高的二级公路、三级公路，尚应采用货车的停车视距对相关路段进行评价。

3）宜采用运行速度对停车视距、会车视距、超车视距进行评价。

3 公路纵断面评价应符合下列规定：

1）应对连续上坡、连续下坡进行评价。

2）宜根据运行速度对采用接近最小半径或最小长度的竖曲线进行评价。

4 公路横断面评价应符合下列规定：

1）当横断面宽度、车道数等发生变化时，应对横断面过渡渐变段的设置位置、长度进行评价。

2）对连续上坡路段，应根据预测交通量及交通组成、服务水平、运行速度等对爬坡车道设置的必要性和设置位置进行评价。

3）对连续长陡下坡路段，应根据预测交通量及交通组成、地形条件、服务设施的分布情况等，对避险车道设置的必要性、设置位置和数量进行评价。

4）高速公路和一级公路右侧硬路肩宽度小于2.5m时，应对设置紧急停车带的有效长度、宽度、间距及其出入口过渡段进行评价。

5）非机动车和行人交通需求大的路段，宜对其路侧干扰情况、非机动车道和人行道设置情况进行评价。

6）非机动车、行人密集的公路和城市出入口的公路，宜评价混合交通对交通安全的影响。

5 改扩建公路尚应对主线分、合流的位置及其车道数平衡进行评价。

4.5.3 路侧评价应符合下列规定：

1 应根据运行速度，对路侧净区宽度和路侧危险程度进行评价。路侧净区宽度可按本规范附录 C 中提供的方法进行确定。

2 应对是否采取路侧防护或改移路侧障碍物等处理措施进行评价。

4.5.4 桥梁评价应符合下列规定：

1 应结合桥位条件评价桥梁引线及桥梁路段的线形设计对交通安全的影响。

2 当桥梁引线横断面宽度与桥梁横断面宽度不同时，应对设置衔接过渡段及过渡段长度进行评价。

3 当长大桥梁未设置硬路肩时，应根据交通安全需要对设置紧急停车带的必要性进行评价。

4 上跨桥梁应评价桥梁墩台及上部结构对视距的影响。

4.5.5 隧道评价应符合下列规定：

1 宜采用运行速度对隧道洞口内外的线形一致性进行评价。

2 当隧道洞口设置竖曲线时，应评价其对排水的影响。

3 应对隧道洞口外接线横断面与隧道横断面的衔接过渡方式进行评价。

4 应采用运行速度对曲线隧道的视距进行评价。

5 应评价洞口朝向、洞门形式等对交通安全的影响。

6 改扩建公路隧道评价尚应符合下列规定：

1）利用既有公路隧道时，应根据交通事故统计数据，分析事故原因，判定事故与隧道线形、土建工程、交通工程及附属设施的相关性。

2）当提高设计速度时，应评价利用的既有公路隧道建筑限界对交通安全的影响。

4.5.6 互通式立体交叉评价应符合下列规定：

1 应根据交叉公路地形、主线及被交道路平面和纵面线形指标，以及转向交通量等因素，对互通式立体交叉选址及形式进行评价。

2 应对互通式立体交叉之间的间距及互通式立体交叉与服务区、隧道、主线收费站等之间的间距进行评价。

3 应根据相交公路等级、转向交通量、地形条件、收费方式等，对互通式立体交叉出、入口形式进行评价。

4 当主线运行速度与设计速度差值大于20km/h时，应按运行速度对互通式立体交叉的视距、相邻出入口间距和加减速车道长度等进行评价。

5 可根据互通式立体交叉规模、交通量等，对通行能力和服务水平等进行评价。

6 改扩建公路的互通式立体交叉评价尚应符合下列规定：

1）拟新增互通式立体交叉时，应对新增互通式立体交叉与其他设施或构造物的间距进行评价。

2）改扩建互通式立体交叉时，应根据预测交通量、交通事故调查情况等，对改扩建方案进行评价。

4.5.7 平面交叉评价应符合下列规定：

1 应根据地形、主线平面和纵面线形、路网布局及交叉公路状况等，对平面交叉位置及间距进行评价。间距较小的平面交叉尚应对合并设置的可行性进行评价。

2 应根据转向交通量大小、交叉公路等级、交通管理方式以及相邻道路的分布情况等，对平面交叉的形式进行评价。

3 应按运行速度对采取的速度控制和交通管理措施进行评价。

4 应结合交通管理方式和运行速度，对平面交叉通视三角区的通视情况进行评价。

4.5.8 交通工程及沿线设施评价应符合下列规定：

1 应根据交通量及交通组成、线形条件、运行速度、气候条件等因素，对安全设施中标志、标线、护栏、视线诱导设施、防眩设施等的设计原则、设置类型等与主体工程的适应性进行评价。

2 服务区、停车区评价应符合下列规定：

1）应根据沿线服务设施的总体布局、交通量及交通组成、重要构造物、连续纵坡等，对服务区、停车区的位置和间距进行评价。

2）应根据交通量及交通组成、规划占地等，对服务区、停车区的规模进行评价。

3）应采用运行速度，对服务区、停车区匝道出入口线形、视距、加（减）速车道长度等进行评价。

3 收费站评价应符合下列规定：

1）应根据地形条件，交通量及交通组成，匝道收费站与匝道分流点、合流点、平交口的间距，主线收费站与隧道的间距等，对收费站设置位置进行评价。

2）位于连续长陡下坡坡底、匝道坡底、急弯后的收费站，应对调整其位置的可能性进行评价。条件受限时，应对安全防护设施和速度控制设施进行评价。

3）应按大型车运行速度及大型车停车视距对主线收费站和匝道收费站路段的通视情况进行评价。

4 应对检查站、超限检测站等设施的设置位置、视距及出入口等进行评价。

5 应根据公路等级、交通量及其组成、重要构造物、气象灾害多发路段的分布、连续纵坡等，并考虑互联网及可持续发展的要求，对监控设施的设计原则、设置数量、设置形式等进行评价。

6 改扩建公路尚应符合下列规定：

1）改扩建公路利用既有公路的连续长陡下坡路段、平纵指标较低路段、分合流路段、气象灾害多发路段等时，应对其综合整治措施进行评价。

2）拟新增服务设施时，应对新增服务设施与其他设施或构造物的间距和交通安全设施进行评价。

4.6 评价结论

4.6.1 评价结论内容应包括总体评价结论、比选方案评价结论和设计要素评价结论。

4.6.2 总体评价结论应确定公路项目特点及其对交通安全的影响。

4.6.3 比选方案评价结论应说明同深度比选路线方案的评价结果，并从交通安全角度提出安全性占优的路线方案。

4.6.4 设计要素评价结论应针对存在的问题提出改进建议和对策。

4.6.5 当设计要素评价结论中含有多条改进建议和对策时，尤其涉及设计方案调整的，宜根据影响交通安全的程度，提出改进建议和对策的实施顺序。

5 施工图设计阶段

5.1 一般规定

5.1.1 本阶段评价重点应为交通工程及沿线设施的设置情况等。

5.1.2 应进行总体评价和设计要素评价。

5.1.3 改扩建公路尚应评价施工期间的交通组织设计对交通安全的影响。

5.1.4 对采用一阶段施工图设计的公路项目或初步设计阶段未进行安全性评价的公路项目，设计要素评价应按本规范第 4.5 节的有关规定执行，并符合本章有关规定。

5.1.5 依据本规范对公路项目进行施工图设计阶段安全性评价，《公路项目安全性评价报告》格式应符合本规范附录 A 的有关规定。

5.2 评价方法

5.2.1 本阶段宜采用运行速度协调性分析、安全检查清单等评价方法。

5.2.2 对复杂项目、复杂路段，可采用驾驶模拟方法对线形设计协调性、交通安全设施等进行评价。

5.3 总体评价

5.3.1 应对公路项目特点进行分析，并应符合本规范第 4.3.1 条的有关规定。

5.3.2 应对初步设计批复中与交通安全相关意见的执行情况进行核查。

5.3.3 当初步设计阶段进行过安全性评价时，应对安全性评价意见的响应情况进行核查。

5.4 设计要素评价

5.4.1 路线评价应符合下列规定：

1 超高设计评价应符合下列规定：

1）在圆曲线半径不变的前提下，应按运行速度对采用的超高值进行评价。

2）应根据公路等级、区域气候条件以及交通组成等因素，对采用的最大超高值进行评价。

3）大型车比例较高的公路，应考虑不同车型间的速度差，以及大坡度下坡对超高值的影响，对采用的超高值进行评价。

2 设置圆曲线加宽时，应根据交通组成对加宽值和加宽形式进行评价。

3 应根据气候条件、地形条件和交通组成，采用运行速度对公路合成坡度进行评价。

4 对设计有爬坡车道的路段，应对爬坡车道的长度、宽度、紧急停车带的位置和数量，以及相关标志、标线等内容进行评价。

5 对设计有避险车道的路段，应对其设置位置、数量和间距进行评价，并对避险车道的引道、平面线形、纵面线形、横断面宽度、长度和坡度、制动坡床材料、排水、端部处理以及交通安全设施和管理设施等进行评价。

6 改扩建公路评价尚应符合下列规定：

1）对利用既有公路，但行驶方向发生改变的路段，应根据实际的线形指标，分析利用原超高值的合理性，并对采取的安全措施进行评价。

2）采用单侧拼宽时，应对车道转换带位置、长度及其交通工程设施等进行评价。

5.4.2 路基和路面评价应符合下列规定：

1 不同路面材料衔接或路面抗滑能力易下降的路段，宜对提高路面抗滑能力所采取的措施进行评价。

2 应对中央分隔带开口的设置位置进行评价。

3 排水设施评价应符合下列规定：

1）当边沟或排水沟处于计算路侧净区宽度范围以内时，应对其采用形式进行评价。

2）强降雨地区，宜对路面的排水形式，以及凹形竖曲线底部、超高路段、超高过渡段的排水设施进行评价。

4 改扩建公路尚宜评价原有排水设施的功能，并对改善设计进行评价。

5.4.3 桥梁和涵洞评价应符合下列规定：

1 应根据上跨本项目桥梁的桥墩台与路侧净区的关系，评价其设置位置对交通安全的影响。

2 宜根据运行速度，结合桥梁纵、横坡度设置等情况，对桥面铺装抗滑的改善措施进行评价。

3 宜根据降雨强度和桥梁纵坡评价桥面泄水孔的泄水能力，并评价桥面泄水对桥下车辆和行人通行的影响。

4 当桥梁位于大风多发地段时，应评价侧风对桥面交通安全的影响。

5 长大桥梁设置应急救援中央分隔带开口时，应对其设置位置进行评价。

6 当涵洞洞口位于计算路侧净区宽度范围内且路侧未设置护栏时，应评价涵洞洞口形式对交通安全的影响。

5.4.4 隧道评价应符合下列规定：

1 应对车行横通道或人行横通道的设置位置、设置数量和角度进行评价。

2 当隧道内外路面抗滑能力存在差异时，宜对隧道洞口抗滑的改善措施进行评价。

3 宜评价隧道照明、通风、消防和监控设施对交通安全的影响。

4 隧道应急救援评价应符合下列规定：

1）宜根据隧道洞口线形、视距等，评价分离式隧道洞口交换联络车道的设置位置及其辅助设施等对交通安全的影响。

2）宜对长隧道、特长隧道和隧道群的应急救援条件进行评价。

5 改扩建公路隧道评价尚应符合下列规定：

1）宜根据通行能力和交通安全情况，对改造后隧道的通风、照明、交通安全、监控、消防等设施改造方案进行评价。

2）宜对新建或扩挖隧道的紧急停车带、车行横通道、人行横通道的布设情况进行评价。

5.4.5 互通式立体交叉评价应符合下列规定：

1 应评价出口匝道分流鼻端至匝道控制曲线起点路段的长度，及其平曲线半径对交通安全的影响。

2 应对匝道运行速度协调性进行评价。相邻路段运行速度差值的绝对值或匝道控制曲线处运行速度预测值与匝道设计速度之差大于20km/h时，协调性不良。

3 视距评价应符合下列规定：

1）宜根据运行速度对匝道基本路段的视距进行评价。

2）应根据运行速度，对分流鼻端、合流鼻端的通视情况进行评价。

4 匝道出、入口评价应符合下列规定：

1）应根据运行速度，对主线的相邻出口或入口之间、匝道的相邻出口或入口之间、主线的出口至前方相邻入口之间的距离进行评价。

2）应根据主线运行速度以及匝道车道数、主线纵坡，对加（减）速车道长度进行评价。

5 宜对改扩建公路的匝道运行速度协调性进行评价。

5.4.6 平面交叉评价应符合下列规定：

1 宜对平面交叉设置的变速车道和转弯附加车道进行评价。

1）变速车道宜按运行速度、交叉角度等，对其长度、宽度、纵坡，以及渐变段的宽度、长度等几何设计指标进行评价。

2）宜根据平面交叉交通管理方式，按运行速度对左转弯附加车道长度和右转弯车道半径进行评价。

2 宜根据公路等级及交通量等，对渠化设计中各方向车道数的合理性进行评价。

3 宜对平面交叉采用的交通管理方式进行评价。

5.4.7 交通工程及沿线设施评价应符合下列规定：

1 交通标志评价应符合下列规定：

1）应对标志的设置位置进行评价。宜根据运行速度对警告标志距危险点的距离进行评价。

2）应对标志信息的合理性，指路标志信息的连续性、有效性及信息量进行评价。

3）应结合运行速度对标志尺寸和标志字高进行评价。

4）宜评价标志的反光强度等级与光线、气候条件及运行速度的适应性。

5）应根据车道数、交通组成和标志的设置位置，对标志的支撑方式进行评价。

6）设置于计算路侧净区范围内的标志，应对其基础和立柱的防护设施进行评价。

7）应评价标志与标线对同一信息内容表述的一致性。

2 交通标线评价应符合下列规定：

1）应对标线的宽度、形式、颜色、反光等级等进行评价。

2）应对路中设置的桥墩、隧道洞口、标志立柱等设置的立面标记进行评价。

3）应对减速标线或减速路面的设置位置、设置长度进行评价。

4）宜对行车道边缘隆声带或振动标线进行评价。

5）应对突起路标的位置和间距进行评价。

3 应对轮廓标、线形诱导标志等视线诱导设施设置的位置和间距进行评价。

4 护栏评价应符合下列规定：

1）高填方、路侧临水或临崖等险要路段，临近村庄路段，与其他道路、铁路、油气管道并行路段，陡坡急弯路段等，应对其路侧采取的防护设施进行评价。

2）应对护栏设置起点、终点、最小长度、最小间距和护栏端头处理方式进行评价。

3）应对桥梁、隧道等构造物与其连接线护栏的衔接与过渡，以及不同刚度护栏之间的衔接与过渡设计进行评价。

4）应根据中央分隔带宽度、交通组成、运行速度，以及陡坡急弯等线形条件，对中央分隔带护栏的防护等级和形式进行评价。

5）应对中央分隔带开口护栏的防护等级、形式、设置位置进行评价。

6）路中或中央分隔带中存在桥墩（柱）等刚性固定物时，应对护栏的设置形式进行评价。

　　7）设有非机动车道和人行道的路段和桥梁，宜对其隔离设施进行评价。

　5　宜评价服务区、停车区内部服务设施、内部车道及停车场等的布局设计和交通组织对交通安全的影响。

　6　客运汽车停靠站路段，宜对其设置位置、加（减）速车道长度等进行评价。

　7　连续上坡路段、连续长陡下坡路段、长下坡接小半径曲线路段、长大隧道群路段、桥隧相连路段、隧道与互通式立体交叉相连路段、气象灾害多发路段、路侧干扰严重路段、路侧险要路段等，应对其交通工程及沿线设施的综合设置进行评价。

　8　改扩建公路评价尚应符合下列规定：

　　1）当既有交通安全设施在改扩建中加以利用时，应对其形式、性能等进行评价。

　　2）同向分离路段、不同加宽方式的过渡段，应对其交通安全设施、监控设施等进行评价。

　　3）宜对同向分离路段起点的过渡段、靠近互通式立体交叉出口的同向车道分隔带开口段的照明进行评价。

　　4）改扩建公路拟新增服务设施时，应评价新增服务设施与其他设施或构造物的间距，及其进、出口等对交通安全的影响。

　9　宜对限速方案进行评价，并应符合下列规定：

　　1）宜根据项目等级、功能、交通量及交通组成、横断面宽度等，对采用的限速方式进行评价。

　　2）宜根据线形条件、运行速度等，对采用的限速值进行评价。对受公路几何线形、构造物、路侧干扰和不利气象条件等严重影响路段的限速值，宜进行重点评价。

5.4.8　改扩建公路应根据项目影响范围内路网的公路等级、交通组成、交通流特性等，结合既有公路现状、改扩建方案等，对交通组织设计进行评价。

5.5　评价结论

5.5.1　评价结论内容应包括总体评价结论和设计要素评价结论。

5.5.2　总体评价结论和设计要素评价结论应符合本规范第4.6.2条、第4.6.4条和第4.6.5条的有关规定。

5.5.3　评价结论提出的安全改进建议和对策宜侧重于交通工程及沿线设施的综合运用。

6 交工阶段

6.1 一般规定

6.1.1 本阶段评价重点应为通车前交通工程及沿线设施的设置情况。

6.1.2 本阶段安全性评价应在工程质量验收合格的前提下，进行总体评价和公路安全状况评价。

6.1.3 依据本规范对公路项目交工阶段进行安全性评价，《公路项目安全性评价报告》格式应符合本规范附录 A 的有关规定。

6.2 评价方法

6.2.1 公路安全状况评价应进行公路现场踏勘和实地驾驶，宜采用安全检查清单等方法进行评价。

6.3 总体评价

6.3.1 应分析公路项目的特点，评价其对交通安全的影响。

6.3.2 应对设计审查中与交通安全相关意见的执行情况进行核查。

6.3.3 当在设计阶段进行过安全性评价时，应对安全性评价意见的响应情况进行核查。

6.4 公路安全状况评价

6.4.1 路线评价应符合下列规定：
1 应根据实地驾驶状况，对路线平、纵线形的连续性和协调性以及横断面过渡的顺畅性进行评价。

2 应根据实地驾驶状况，对公路平面、纵断面视距进行评价。

6.4.2 路基和路面评价应符合下列规定：
1 应对路侧障碍物的处理情况进行评价。
2 应对路基、路面排水设施进行评价。
3 应对中央分隔带开口的设置位置和视距进行评价。

6.4.3 桥梁评价应符合下列规定：
1 当存在桥头急弯路段时，应对相关的标志、标线、速度控制设施等进行评价。
2 应对桥梁护栏与路基护栏衔接过渡段进行评价。
3 应根据实地驾驶状况评价上跨本项目的桥梁的墩台和上部结构对本项目公路视距的影响。
4 当上跨本项目的桥梁的桥墩台位于计算路侧净区内时，应对桥墩台的防护设施进行评价。
5 应对与侧风相关的标志和速度控制设施等进行评价。

6.4.4 隧道评价应符合下列规定：
1 应根据实地驾驶状况，对隧道洞口段线形连续性及其视距进行评价。
2 应对隧道进出口路面的防滑过渡进行评价。
3 应对隧道洞口检修道端头与洞外护栏的衔接过渡进行评价。
4 应根据实地驾驶状况，评价隧道照明的实际效果，并对洞口眩光的情况进行评价。
5 宜对隧道监控、通风、消防等设施的设置情况进行评价。
6 人车混行的隧道，应对保护行人和非机动车的安全设施进行评价。

6.4.5 互通式立体交叉评价应符合下列规定：
1 应根据实地驾驶状况，对分、合流鼻端的通视情况，以及加（减）速车道长度、匝道的速度协调性进行评价。
2 应根据实地驾驶状况，对互通式立体交叉出口标志信息进行评价。

6.4.6 平面交叉评价应符合下列规定：
1 应根据实地驾驶状况，对通视三角区的通视情况进行评价。
2 应对交通管理方式及交通组织措施进行评价。
3 应对与行人和非机动车相关的标志、标线等交通安全设施进行评价。

6.4.7 交通工程及沿线设施评价应符合下列规定：
1 标志评价应符合下列规定：

1）应现场对标志的设置效果和位置进行评价。
2）应根据路网情况和实地驾驶状况，对标志信息的准确性、连续性进行评价。
3）应对标志的信息量进行评价。
4）应对标志与对应标线信息的一致性进行评价。
5）应评价树木、边坡绿化、构筑物、广告牌等对标志视认效果的影响。
6）应根据实地驾驶状况评价标志在夜间的视认效果。

2 标线评价应符合下列规定：
1）应根据实地驾驶状况，对标线在夜间的视认和诱导效果进行评价。
2）应对位于中央分隔带或计算路侧净区内的桥墩、隧道洞口、设施立柱等设置的立面标记进行评价。
3）应对禁止超车路段的标线设置情况进行评价。

3 护栏评价应符合下列规定：
1）应对护栏的设置情况进行评价。
2）应对分流鼻端的防撞设施进行评价。
3）高填方、路侧临水或临崖等险要路段，临近村庄路段，与其他道路、铁路、油气管道并行路段，陡坡急弯路段等，应对其路侧采取的防护设施进行评价。

4 防眩设施评价应符合下列规定：
1）应对防眩设施的设置情况进行评价。
2）应在夜间检查防眩板的防眩效果。

5 应检查视线诱导设施在夜间的诱导效果。

6 当公路跨越铁路、通航河流、交通量较大的其他公路时，应对其桥梁的防落网进行评价。

7 应对爬坡车道和避险车道的交通安全设施和管理设施进行评价。

8 宜对路段的监控设施的设置情况进行评价。

9 应根据实地驾驶状况对收费站的交通安全设施和管理设施进行评价。

10 应对服务区、停车区内的标志和标线进行评价。

11 应对港湾式紧急停车带的交通安全设施进行评价。

12 连续上坡路段、连续长陡下坡路段、长下坡接小半径曲线路段、长大隧道群路段、桥隧相连路段、隧道与互通式立体交叉相连路段、气象灾害多发路段、路侧干扰严重路段、路侧险要路段等，应对其交通工程及沿线设施的综合设置进行评价。

13 可对限速方案进行评价，重点评价受公路几何线形、构造物、路侧干扰和气象条件等影响的受限路段限速值。

6.5 评价结论

6.5.1 评价结论内容应包括总体评价结论和公路安全状况评价结论。

6.5.2 总体评价结论应确定公路项目特点及其对交通安全的影响。

6.5.3 公路安全状况评价结论应确定可能影响通车后交通安全的重点问题，并结合交工阶段公路项目现状，提出可行的安全改进建议。

6.5.4 安全改进建议应侧重于完善交通安全设施或提出管理对策。宜根据实施的难易程度，提出安全改进建议和管理对策的实施顺序，或提出分期实施建议。

7 后评价

7.1 一般规定

7.1.1 本章条文适用于公路建设项目后评价中的交通安全评价，也适用于通车后公路安全状况发生较大变化，或竣工验收、大中修、改扩建时的安全性评价。

7.1.2 评价重点应为公路设施、交通量及交通组成、路网环境、路侧环境等的现状对公路交通安全的影响。

7.1.3 应进行总体评价和公路安全状况评价。

7.1.4 总体评价应在调研和资料收集的基础上，进行交通事故分析；公路安全状况评价应进行公路现场调查、速度观测与评价，提出安全改进建议和对策。

7.1.5 依据本规范对公路项目进行后评价，《公路项目安全性评价报告》格式应符合本规范附录 A 的有关规定。

7.2 评价方法

7.2.1 总体评价宜采用交通事故统计分析、问卷调查等方法。

7.2.2 公路安全状况评价宜采用安全检查清单、断面速度现场观测等方法。

7.3 总体评价

7.3.1 应根据交通量及交通组成、公路环境、安全管理、气候条件、交通事故等，评价公路运营后的交通运行特点对交通安全的影响。

7.3.2 应调研运营情况、交通事故主要原因、交通事故频发路段和交通安全管理等方面的情况。

7.3.3 应进行资料收集，资料的质量、数量和时效应满足评价要求。收集资料宜包括下列内容：

1 与安全性评价相关的现行标准。

2 近3年及以上的交通量和交通组成等统计资料。

3 近3年及以上的交通事故详细资料，包括事故发生的时间、地点、天气状况、事故形态、事故原因、伤亡人数、事故车型等信息。

4 相关设计文件，包括施工图或竣工图。

5 交工或竣工验收中与交通安全相关的资料。

6 其他可用于安全性评价的资料。

7.3.4 宜进行公路使用者问卷调查，主要调查安全运营需求、安全管理措施的效果，以及对安全改善的建议等。

7.3.5 交通事故分析应符合下列规定：

1 应对交通事故次数、伤亡人数、经济损失等进行统计，分析交通事故变化的趋势。

2 应对交通事故发生的时间分布、空间分布、形态分布、原因分布、气候特征等进行分析，总结交通事故的统计规律。

3 应根据交通事故的空间分布对事故频发路段进行鉴别，确定其起、终点范围，并分析事故频发原因。

4 宜对典型的重大、特大交通事故进行个案分析。

7.3.6 可对与应急救援相关的公路设施和应急预案进行评价。

7.4 公路安全状况评价

7.4.1 应进行公路安全状况现场调查。现场调查应符合下列规定：

1 应沿公路双方向进行连续摄像或拍照，对公路状况进行记录。

2 应重点调查事故频发路段。

3 事故频发路段或拟进行速度控制的路段应进行断面速度现场观测。

4 一级公路、二级公路、三级公路，应对行人和非机动车等路侧干扰情况进行调查。

7.4.2 路线评价应符合下列规定：

1 应根据现场观测数据确定代表车型的运行速度，评价运行速度与设计速度协调性。

2 应根据实地驾驶状况对平、纵面线形的连续性和视距进行评价。

3 二级公路、三级公路，应根据实际的交通组成对小半径圆曲线路段的加宽值进行评价。

7.4.3 路基和路面评价应符合下列规定：
1 应对公路建筑限界进行评价。
2 应对位于计算净区范围之内的路侧障碍物进行评价。
3 侧滑和尾随相撞事故频发的路段，应对其路面抗滑能力进行评价。
4 应对中央分隔带开口的设置位置和视距进行评价。
5 应对排水设施的养护状况及其排水能力进行评价。

7.4.4 桥梁评价应符合下列规定：
1 应评价桥梁与桥梁引线的线形协调性。当存在桥头急弯路段时，应对相关的标志、标线、速度控制设施等进行评价。
2 应对桥梁护栏与路基护栏衔接过渡段进行评价。
3 应根据实地驾驶状况评价上跨本项目的桥梁的桥墩台和上部结构对本项目公路视距的影响。
4 当上跨本项目的桥梁的桥墩台位于计算路侧净区内时，应对桥墩台的防护设施进行评价。
5 应检查桥头接线处、桥梁伸缩缝处是否存在影响交通安全的跳车现象。
6 应检查桥梁是否会出现易湿滑或结冰的现象。
7 桥上设人行道或非机动车道时，应检查其与行车道的隔离设施。
8 应对与侧风相关的标志和速度控制设施等进行评价。

7.4.5 隧道评价应符合下列规定：
1 应根据实地驾驶状况对隧道洞口段线形连续性及其视距进行评价。
2 应对隧道洞内、外衔接路段的路面抗滑能力及过渡进行评价。
3 应对隧道洞口横断面变化及其防护设施的衔接与过渡进行评价。
4 应根据实地驾驶状况评价隧道洞口亮度及照明过渡对交通安全的影响。无照明设施的隧道，应检查视线诱导设施的设置情况。
5 宜对隧道监控、通风、消防等设施的设置情况进行评价。
6 人车混行的隧道，应对保护行人和非机动车的安全设施进行评价。

7.4.6 互通式立体交叉评价应符合下列规定：
1 应对互通式立体交叉之间，以及互通式立体交叉与服务区、停车区、隧道等的间距进行评价。
2 应根据实地驾驶状况和运行速度，对分、合流鼻端的通视情况进行评价。
3 应根据实地驾驶状况和运行速度，评价出口匝道分流鼻端至匝道控制曲线起点路段的长度和速度过渡对交通安全的影响。

    4 应对车道数平衡,以及变速车道、辅助车道、交织区长度进行评价。

    5 应根据实地驾驶状况,对互通式立体交叉出口标志信息进行评价。

7.4.7 平面交叉评价应符合下列规定:

    1 应通过现场观测,评价平面交叉的位置、形式、交叉角度、间距等对交通安全的影响。

    2 应结合运行速度,对通视三角区的通视情况进行检查和评价。

    3 应对交通渠化设施,以及与行人和非机动车相关的标志、标线等交通安全设施进行评价。

    4 宜根据相交公路等级、直行和转弯车辆比例、历史交通事故情况等,对转弯车道和附加车道进行评价。

    5 宜根据平面交叉转向交通量和现场条件,对采用的交通管理方式及交通组织措施进行评价。

7.4.8 交通工程及沿线设施评价应符合下列规定:

    1 应对标志、标线、护栏、防眩设施、视线诱导设施、防落网进行评价,并应符合本规范第 6.4.7 条的有关规定。

    2 管理设施评价应符合下列规定:

    1)宜对路段的监控、照明设施的设置情况进行评价。

    2)宜检查收费站的通行能力、收费车道设置数量等。

    3)位于急弯之后或下坡坡底的收费站,应对其视距、速度控制设施、收费亭防撞设施等进行评价。

    3 服务设施评价应符合下列规定:

    1)应根据运行速度,对服务区、停车区分流和合流匝道的识别视距、变速车道长度等进行评价。

    2)宜根据实际交通量及交通组成等,对服务区、停车区的容量、内部车道布设、内部服务设施布设情况等进行评价。

    3)应对客运汽车停靠站的设置位置、变速车道、隔离设施等进行评价。

    4 连续上坡路段、连续长陡下坡路段、长下坡接小半径曲线路段、长大隧道群路段、桥隧相连路段、隧道与互通式立体交叉相连路段、气象灾害多发路段、路侧干扰严重路段、路侧险要路段等,应对其交通工程及沿线设施的综合设置进行评价。

    5 当限速方案难以满足交通安全或通行效率需求时,可结合运营需求、公路条件、运行速度、交通安全状况等对限速方案进行评价。

7.4.9 养护维修作业控制区评价应符合下列规定:

    1 应对养护维修作业控制区的可见性及相关安全设施进行评价。

2 宜评价作业期间采取的交通组织措施对交通安全的影响。

7.5 评价结论

7.5.1 评价结论内容应包括总体评价结论、公路安全状况评价结论。

7.5.2 总体评价结论应确定公路项目特点及其对交通安全的影响，分析交通事故原因及交通安全变化趋势。

7.5.3 公路安全状况评价结论应确定主要的安全问题和安全改善重点，并提出可行的安全改进建议和管理对策。

7.5.4 宜根据安全改进建议实施的难易程度和实施效果，提出安全改进建议和管理对策的实施顺序，或提出分期实施建议。

附录 A 安全性评价报告格式

A.1 报告格式说明

A.1.1 安全性评价报告宜包括下列内容：
1 封面；
2 资质证书；
3 著录页；
4 目录；
5 正文。

A.1.2 安全性评价报告应采用 A4 幅面，左侧装订。

A.1.3 安全性评价报告封面宜采用浅灰色。

A.1.4 封面宜包括下列内容：
1 评价项目名称；
2 评价阶段；
3 标题，统一为"安全性评价报告"；
4 承担单位名称；
5 评价报告完成日期。
封面式样如图 A.1.4 所示。

A.1.5 著录页宜包括下列内容：
1 评价项目名称；
2 评价阶段；
3 标题，统一为"安全性评价报告"；
4 承担单位负责人、技术负责人、项目负责人及主要参加人员姓名；
5 承担单位名称及公章或技术成果章；
6 承担单位资质证书名称及编号；
7 评价报告完成日期。
著录页式样如图 A.1.5 所示。

评价项目名称（二号宋体加粗）

××阶段（二号宋体加粗）

安全性评价报告（小初号黑体加粗）

承担单位名称（三号宋体加粗）

评价报告完成日期（三号宋体加粗）

图 A.1.4　封面式样

评价项目名称（二号宋体加粗）

××阶段（二号宋体加粗）

安全性评价报告（一号黑体加粗）

单位负责人：（四号宋体加粗）

技术负责人：（四号宋体加粗）

项目负责人：（四号宋体加粗）

主要参加人员：（四号宋体加粗）

承担单位名称及用章（四号宋体加粗）

承担单位资质证书名称及编号（四号宋体加粗）

评价报告完成日期（四号宋体加粗）

图 A.1.5 著录页式样

A.2 安全性评价报告正文格式

A.2.1 安全性评价报告正文应由下列部分组成：

1 概述。阐述安全性评价背景及目的、工作依据、工作过程和调研情况。

2 建设项目概况。说明公路项目的工程概况、自然地理状况、交通量和交通组成及服务水平、与沿线其他公路和铁路等的关系、主要技术指标规定值及其采用值、主要技术经济数据等。交工阶段尚需说明工程施工情况、交工验收准备情况等。后评价尚需说明交通管理状况、安全改善概况和事故概况等。

3 总体评价。分析公路项目特点和环境对交通安全的影响，确定评价的重点。后评价尚需对运营调研结果和交通事故进行分析。

4 比选方案评价（初步设计阶段）。从交通安全的角度对同深度比选方案进行比较，分析评价结果，并提出安全性占优的路线方案。

5 设计要素评价（初步设计阶段、施工图设计阶段）。从交通安全的角度对路线、路基、路面、桥梁、隧道、互通式立体交叉、平面交叉、交通工程及沿线设施等的设计方案进行评价。

6 公路安全状况评价（交工阶段、后评价）。从交通安全的角度对路线、路基、路面、桥梁、隧道、互通式立体交叉、平面交叉、交通工程及沿线设施等的现状进行检查和评价。

7 评价结论及建议。

附录 B 运行速度计算方法

B.1 一般规定

B.1.1 初步设计阶段和施工图设计阶段公路运行速度预测所采用的代表车型应符合表 B.1.1 的规定。

表 B.1.1 运行速度代表车型

车 型	高速公路、一级公路	二级公路、三级公路
小型车	轴距≤7m 且比功率>15kW/t	轴距≤3.5m
大型车	轴距>7m 或比功率≤15kW/t	轴距>3.5m

B.1.2 根据曲线半径和纵坡坡度的大小等,可将公路划分为平直路段、纵坡路段、平曲线路段、弯坡组合路段、隧道路段、互通式立体交叉路段等若干个分析单元。其中,平曲线路段、弯坡组合路段宜分别以曲线中点拆分为两个分析单元。

B.1.3 应按行车方向分别计算小型车和大型车的运行速度 v_{85},分析单元的起、终点宜作为运行速度 v_{85} 计算的特征点,分析单元的纵坡方向应与行车方向相一致。

B.1.4 进行运行速度 v_{85} 计算时,应首先确定路段第一个分析单元的起点初始运行速度 v_0,然后根据行车方向和分析单元对应的运行速度预测模型,计算出第一个分析单元末端的运行速度 v_{85},并以此作为第二个分析单元的初始运行速度,接着代入第二个分析单元对应的计算公式计算出该单元末端的运行速度,并以此方法依次迭代计算直到最后一个分析单元。

B.1.5 分析单元运行速度计算应符合下列规定:

1 第一个分析单元的起点初始运行速度 v_0 和期望速度 v_e 宜采用本附录规定值或根据项目所在地区类似公路项目观测结果确定。本规范中的期望速度 v_e 是指在天气晴好、路面干燥、公路及附属设施完好、自由流状态、无干扰等理想通行条件下,驾驶人在平直路段行驶时期望达到的最高行驶速度。

2 运行速度预测模型宜根据项目所在地区类似公路观测结果建立,并进行参数标定。当条件受限时,可采用本附录模型。

3 运行速度预测模型分为基本模型和修正模型,其中基本模型包含平直路段模型、纵坡路段折算模型、平曲线路段模型、弯坡组合路段模型、隧道路段模型、互通式立体交叉路段模型。对于需要进行修正的分析单元,宜在基本模型计算结果的基础上进行修正,以修正后的结果作为计算结果。

4 采用运行速度预测模型计算的运行速度应符合下列规定:

1)分析单元起点和终点的运行速度均不大于期望速度v_e,也不小于分析单元对应的最低运行速度或最低限速值;

2)当计算结果大于或等于期望速度v_e时,宜以期望速度v_e代表分析单元终点的运行速度v_e;当计算结果小于分析单元对应的最低运行速度或最低限速值时,宜以分析单元对应的最低运行速度或最低限速值代表分析单元终点的运行速度。

B.2 高速公路运行速度

B.2.1 分析单元划分宜符合下列规定:

1 宜将公路划分为平直路段、平曲线路段、纵坡路段、弯坡组合路段、隧道路段和互通式立体交叉路段等分析单元。

2 平直路段、纵坡路段、弯坡组合路段划分宜符合表 B.2.1 的规定。

表 B.2.1 分析单元划分原则

车型	纵断面	平面	
		圆曲线半径>1 000m	圆曲线半径≤1 000m
小型车或大型车	坡度<3%	长度>200m 平直路段 长度≤200m 短平直路段	平曲线路段
	坡度≥3%	纵坡路段	弯坡组合路段

3 隧道路段宜为驶入隧道洞口前 200m 至驶出隧道洞口后 100m。

4 互通式立体交叉区主线路段宜为减速车道渐变段起点至加速车道渐变段终点,匝道路段宜为匝道与主线连接点到匝道终点。

B.2.2 小型车或大型车的初始运行速度v_0、期望速度v_e、最低运行速度v_{min}和加速度a宜符合下列规定:

1 初始运行速度v_0宜根据设计速度按表 B.2.2-1 确定。

表 B.2.2-1 初始运行速度(km/h)

设计速度		120	100	80	60
初始运行速度v_0	小型车	120	100	80	60
	大型车	80	75	65	50

2 期望速度v_e宜按表 B.2.2-2 确定。

表 B.2.2-2　期　望　速　度 (km/h)

设计速度		100 或 120	80	60
期望速度 v_e	小型车	120	110	90
	大型车	80	80	75

3　推荐加速度 a 宜按表 B.2.2-3 确定。

表 B.2.2-3　推　荐　加　速　度 (m/s²)

车　型	a_{min}	a_{max}
小型车	0.15	0.50
大型车	0.20	0.25

4　小型车最低运行速度不宜低于 50km/h，大型车最低运行速度不宜低于 30km/h。

B.2.3　平直路段运行速度预测宜符合下列规定：

1　当分段后的平直路段长度大于 200m 时，平直路段终点的运行速度模型宜按式（B.2.3-1）确定。

$$v_{out} = 3.6 \sqrt{\left(\frac{v_{in}}{3.6}\right)^2 + 2as} \quad (\text{B.2.3-1})$$

式中：v_{out}——平直路段终点速度 (km/h)；
　　　v_{in}——平直路段起点速度 (km/h)；
　　　s——平直路段长度 (m)；
　　　a——车辆加速度 (m/s²)，按式（B.2.3-2）计算：

$$a = a_{min} + (a_{max} - a_{min})\left(1 - \frac{v_{in}}{v_e}\right) \quad (\text{B.2.3-2})$$

　　　a_{max}——最大加速度 (m/s²)；
　　　a_{min}——最小加速度 (m/s²)；
　　　v_e——期望速度 (km/h)。

2　当分段后的平直路段长度不大于 200m 时，宜视为短平直路段。该路段起终点的运行速度保持不变。

B.2.4　平曲线路段运行速度预测宜符合下列规定：

1　宜确定平曲线连接形式，其形式分为入口直线—曲线、入口曲线—曲线、出口曲线—直线、出口曲线—曲线。

2　宜从曲中点分段，分别对曲中点和曲线出口的运行速度进行预测。

3　曲中点和曲线出口运行速度宜按表 B.2.4 中模型预测。

表 B.2.4 平曲线路段运行速度预测模型

平曲线连接形式	车 型	预 测 模 型
入口直线—曲线	小型车	$v_{middle} = -24.212 + 0.834v_{in} + 5.729\ln R_{now}$
	大型车	$v_{middle} = -9.432 + 0.963v_{in} + 1.522\ln R_{now}$
入口曲线—曲线	小型车	$v_{middle} = 1.277 + 0.942v_{in} + 6.19\ln R_{now} - 5.959\ln R_{back}$
	大型车	$v_{middle} = -24.472 + 0.990v_{in} + 3.629\ln R_{now}$
出口曲线—直线	小型车	$v_{out} = 11.946 + 0.908v_{middle}$
	大型车	$v_{out} = 5.217 + 0.926v_{middle}$
出口曲线—曲线	小型车	$v_{out} = -11.299 + 0.936v_{middle} - 2.060\ln R_{now} + 5.203\ln R_{front}$
	大型车	$v_{out} = 5.899 + 0.925v_{middle} - 1.005\ln R_{now} + 0.329\ln R_{front}$

注：1. v_{middle} 为曲中点运行速度（km/h）。
2. v_{out} 为曲线出口运行速度（km/h）。
3. R_{front} 为即将驶入的曲线半径（m）。
4. R_{now} 为所在曲线半径（m）。
5. R_{back} 为驶入所在曲线前的曲线半径（m）。

B.2.5 纵坡路段终点的运行速度宜按表 B.2.5 模型折算。

表 B.2.5 纵坡路段运行速度折算模型

纵 坡		运行速度调整值	
		小型车	大型车
上坡	坡度≥3%且≤4%	每1 000m 降低 5km/h，直至最低运行速度	每1 000m 降低 10km/h，直至最低运行速度
	坡度>4%	每1 000m 降低 8km/h，直至最低运行速度	每1 000m 降低 20km/h，直至最低运行速度
下坡	坡度≥3%且≤4%	每500m 增加 10km/h，直至期望速度	每500m 增加 7.5km/h，直至期望速度
	坡度>4%	每500m 增加 20km/h，直至期望速度	每500m 增加 15km/h，直至期望速度

B.2.6 弯坡组合路段运行速度预测宜符合下列规定：

1 宜根据前后线形衔接方式确定弯坡组合形式，其形式分为入口直线—曲线、入口曲线—曲线、出口曲线—直线、出口曲线—曲线。

2 宜从圆曲线曲中点分段，分别对曲中点和曲线出口的运行速度进行预测。

3 曲中点和曲线出口运行速度宜按表 B.2.6 中模型预测。

表 B.2.6 弯坡组合路段运行速度预测模型

弯坡组合形式	车 型	预 测 模 型
入口直线—曲线	小型车	$v_{middle} = -31.67 + 0.547v_{in} + 11.71\ln R_{now} - 0.176I_{now1}$
	大型车	$v_{middle} = 1.782 + 0.859v_{in} - 0.51I_{now1} + 1.196\ln R_{now}$
入口曲线—曲线	小型车	$v_{middle} = 0.750 + 0.802v_{in} + 2.717\ln R_{now} - 0.281I_{now1}$
	大型车	$v_{middle} = 1.798 + 0.248\ln R_{now} + 0.977v_{in} - 0.133I_{now1} + 0.23\ln R_{back}$
出口曲线—直线	小型车	$v_{out} = 27.294 + 0.720v_{middle} - 1.444I_{now2}$
	大型车	$v_{out} = 13.490 + 0.797v_{middle} - 0.697I_{now2}$

续表 B.2.6

弯坡组合形式	车型	预测模型
出口曲线—曲线	小型车	$v_{out} = 1.819 + 0.839v_{middle} + 1.427\ln R_{now} + 0.782\ln R_{front} - 0.48I_{now2}$
	大型车	$v_{out} = 26.837 + 0.109\ln R_{front} - 3.039\ln R_{now} - 0.594I_{now2} + 0.830v_{middle}$

注：1. 表中 $R \in [250, 1\,000]$，且 $I \in [3\%, 6\%]$。
2. v_{in}、v_{middle}、v_{out} 为曲线入口运行速度、曲中点运行速度、曲线出口运行速度（km/h）。
3. R_{back}、R_{now}、R_{front} 为驶入所在曲线前的曲线半径、所在曲线半径、即将驶入的曲线半径（m）。
4. I_{now1}、I_{now2} 为曲线前后两段的不同坡度（%），上坡为正、下坡为负。将带正负号但不带百分号的坡度值代入公式，如上坡"4%"代入数值"4"，下坡"-4%"代入数值"-4"。
5. 若前半段或后半段含有两个不同纵坡值，则取纵坡坡度加权平均值代入公式。

B.2.7 隧道路段运行速度宜按表 B.2.7 中模型预测。

表 B.2.7 隧道路段运行速度预测模型

车型	特征点	预测模型
小型车	隧道洞口	$v_1 = 0.99v_{in} - 11.07$
	隧道内	$v_2 = 0.81v_{in} + 8.22$
	驶出隧道洞口后 100m	$v_3 = 0.74v_{in} + 16.43$
大型车	隧道洞口	$v_1 = 0.98v_{in} - 6.56$
	隧道内	$v_2 = 0.85v_{in} + 3.89$
	驶出隧道洞口后 100m	$v_3 = 0.45v_{in} + 42.61$

注：表中 v_{in} 为距离驶入隧道洞口 200m 衔接路段单元的速度（km/h）。除短隧道按照短平直路段计算外，其他隧道均按上述模型计算。相邻隧道出口与入口间距小于 200m 的隧道群，可视为同一个隧道路段。

B.2.8 互通式立体交叉区运行速度预测宜符合下列规定：

1 主线路段运行速度宜在不考虑划分互通式立体交叉分析单元之前的运行速度预测基础上，按表 B.2.8 进行折减。

表 B.2.8 互通式立体交叉主线路段运行速度折减值

车型	小型车	大型车
最大折减值（km/h）	-8	-5

2 匝道路段运行速度宜根据项目所在地区类似公路项目观测确定，或按本规范第 B.4.5 条~第 B.4.8 条的有关规定执行。匝道路段的初始运行速度宜采用分流鼻端通过速度。

B.3 一级公路运行速度

B.3.1 作为干线公路的一级公路运行速度预测宜符合下列规定：

1 无平面交叉口、无路侧干扰、类似全部控制出入的路段，运行速度预测可按本规范第 B.2 节高速公路的有关规定执行。

2 有平面交叉口、有路侧干扰、部分控制出入的路段，宜观测项目所在地区类似公路受到平面交叉口的影响，对运行速度预测结果进行修正，或按本规范第 B.3.2 条的规定确定。

B.3.2 作为集散公路的一级公路运行速度预测宜符合下列规定：
1 按本规范第 B.2 节高速公路的有关规定预测分析单元的运行速度。
2 宜根据路侧干扰和平面交叉口密度情况，并按本规范第 B.3.3 条和第 B.3.4 条的规定，对分析单元运行速度进行修正。

B.3.3 宜根据路侧干扰情况对分析单元运行速度进行修正，并应符合下列规定：
1 路侧干扰应分析行人、非机动车、摩托车、农用车等交通流对主线小型车和大型车的干扰。
2 宜用路侧冲突等级来量化路侧冲突的严重程度，并按表 B.3.3-1 确定路侧冲突等级对运行速度的影响。宜根据分析单元的路侧冲突等级，乘以表 B.3.3-1 中相应的影响系数对运行速度进行修正。

表 B.3.3-1 路侧干扰等级对运行速度的影响系数表

路侧冲突等级	影响系数	路侧冲突等级	影响系数
0	1.00	2	0.82
1	0.91	3	0.73

3 路侧冲突等级宜按表 B.3.3-2 对应的路侧冲突因素加权值 $FRIC$ 确定。

表 B.3.3-2 路侧冲突等级分级表

路侧冲突等级	$FRIC$	公路两侧用地性质通常情况说明
0	$0 < FRIC \leq 50$	两侧为农田或山体峡谷等
1	$50 < FRIC \leq 100$	有稀落的农舍，少量行人出入等
2	$100 < FRIC \leq 150$	有少量行人、车辆出入，有加油站、小店铺等
3	$FRIC \geq 150$	路侧街道化严重，存在居民区、商业中心等，出入行人和车辆较多等

4 路侧冲突因素加权值 $FRIC$ 表示单位时间内观测断面发生的路侧冲突加权值。路侧冲突因素加权值 $FRIC$ 可按式（B.3.3）确定。

$$FRIC = 0.129bic + 0.164psv + 0.185tra + 0.148ped + 0.171smv + 0202mot$$

(B.3.3)

式中：bic——自行车数量（辆/h）；
psv——路侧停车数量（辆/h）；
tra——慢行车辆（拖拉机等农用车辆）数量（辆/h）；
ped——行人数量（人/h）；
smv——电动自行车数量（辆/h）；

mot——摩托车数量（辆/h）。

B.3.4 宜根据当量化平面交叉口密度情况对分析单元运行速度进行修正，并宜符合下列规定：

1 宜按表 B.3.4-1 确定当量化平面交叉口密度对运行速度的影响。宜根据分析单元的当量化平面交叉口密度，乘以表 B.3.4-1 中相应的影响系数对运行速度进行修正。

表 B.3.4-1 当量化平面交叉口密度对运行速度的影响系数表

当量化平面交叉口密度 d（个/km）	影响系数		
	$v_{85} \geq 100$km/h	$80 \leq v_{85} < 100$km/h	$60 \leq v_{85} < 80$km/h
$0 < d \leq 1.0$	0.99	0.99	1.00
$1.0 < d \leq 2.5$	0.98	0.98	0.99
$2.5 < d \leq 5.0$	0.95	0.96	0.97
$d > 5.0$	0.90	0.92	0.94

2 当量化平面交叉口密度为分析单元内当量化平面交叉口个数之和除以分析单元长度。

3 当量化平面交叉口个数宜根据进入平面交叉口的支路机动车交通量，按表 B.3.4-2 进行折算。

表 B.3.4-2 平面交叉口折算系数

支路机动车交通量 vol（veh/h）	平面交叉口折算系数
$vol \leq 30$	0.5
$30 < vol \leq 70$	1.0
$70 < vol \leq 150$	2.0
$vol > 150$	3.0

B.4 二级公路、三级公路运行速度

B.4.1 设计速度 40km/h 及以上的二级公路、三级公路、互通式立体交叉匝道路段运行速度预测宜符合本节的有关规定。当设计速度小于 40km/h 时，宜根据项目所在地区类似公路建立模型或对本节运行速度预测模型进行修正。

B.4.2 分析单元划分宜符合下列规定：

1 宜将公路划分为平直路段、平曲线路段、纵坡路段、弯坡组合路段、隧道路段等分析单元。

2 平直路段、平曲线路段、纵坡路段、弯坡组合路段划分宜符合表 B.4.2 的规定。

3 隧道路段宜为驶入隧道洞口前 200m 至驶出隧道洞口后 100m。

表 B.4.2 分析单元划分原则

车 型	纵 断 面	平 面	
		圆曲线半径>600m	圆曲线半径≤600m
小型车或大型车	坡度<3%	长度>100m 平直路段；长度≤100m 短平直路段	平曲线路段
	坡度≥3%	纵坡路段	弯坡组合路段

B.4.3 分析单元运行速度预测宜符合下列规定：

1 平直路段、平曲线路段、纵坡路段、弯坡组合路段的运行速度宜按本规范第 B.4.5 条～第 B.4.8 条相应的模型进行预测。

2 平直路段、平曲线路段、纵坡路段、弯坡组合路段分析单元的运行速度尚宜根据路侧净区宽度、平面交叉口密度、路侧干扰情况，按本规范第 B.4.9 条～第 B.4.11 条进行修正。

3 隧道路段的运行速度宜根据项目所在地区类似公路实际观测结果确定，或按公路项目的设计速度计算。

B.4.4 小型车或大型车的初始运行速度 v_0、期望速度 v_e、最低运行速度 v_{min} 和加速度 a 宜符合下列规定：

1 初始运行速度 v_0 宜按表 B.4.4-1 确定。

表 B.4.4-1 初始运行速度 (km/h)

设计速度		80	60	40
初始运行速度 v_0	小型车	80	60	40
	大型车	60	40	30

2 期望速度 v_e 宜按表 B.4.4-2 确定。

表 B.4.4-2 期望速度 (km/h)

设计速度		80	60	40
期望速度 v_e	小型车	105	85	65
	大型车	75	70	50

3 推荐加速度 a 宜按表 B.4.4-3 确定。

表 B.4.4-3 推荐加速度 (m/s²)

车 型	a_{min}	a_{max}
小型车	0.15	0.50
大型车	0.20	0.25

4 小型车最低运行速度 v_{min} 不宜低于 30km/h，大型车最低运行速度 v_{min} 不宜低于 15km/h。

B.4.5 平直路段运行速度预测宜符合本规范第 B.2.3 条的有关规定。

B.4.6 平曲线路段的运行速度预测宜符合下列规定：
1 宜从曲中点分段，分别对曲中点和曲线出口的运行速度进行预测。
2 曲中点和曲线出口运行速度宜按表 B.4.6 中模型预测。

表 B.4.6 平曲线路段运行速度预测模型

特征点	车型	预测模型
曲中点	小型车	$v_{middle} = -244.123 + 0.6v_{in} + 40\ln(R_{now} + 500)$
曲中点	大型车	$v_{middle} = -80.179 + 0.7v_{in} + 15\ln(R_{now} + 250)$
曲线出口	小型车	$v_{out} = -183.092 + 0.7v_{middle} + 30\ln(R_{front} + 500)$
曲线出口	大型车	$v_{out} = -53.453 + 0.8v_{middle} + 10\ln(R_{front} + 250)$

注：1. v_{in} 为曲线入口运行速度（km/h）；v_{middle} 为曲中点运行速度（km/h）；v_{out} 为曲线出口运行速度（km/h）。
    2. R_{now} 为所在曲线半径（m）；R_{front} 为即将驶入的曲线半径（m），当前方为直线时，取 $R_{front} = 600m$。
    3. 小型车若 $R_{front} > 5R_{now}$，则按 $R_{front} = 5R_{now}$ 取值；大型车若 $R_{front} > 4R_{now}$，则按 $R_{front} = 4R_{now}$ 取值。

B.4.7 纵坡路段终点的运行速度宜按表 B.4.7 中模型预测。

表 B.4.7 纵坡路段运行速度折算模型

纵坡		运行速度调整值	
		小型车	大型车
上坡	坡度≥3%且≤4%	每1 000m降低5km/h，直至最低运行速度	每1 000m降低10km/h，直至最低运行速度
上坡	坡度>4%	每1 000m降低8km/h，直至最低运行速度	每1 000m降低20km/h，直至最低运行速度
下坡	坡度≥3%且≤4%	每500m增加10km/h，直至期望速度	每500m增加7.5km/h，直至期望速度
下坡	坡度>4%	每500m增加20km/h，直至期望速度	每500m增加15km/h，直至期望速度

B.4.8 弯坡组合路段运行速度预测宜符合下列规定：
1 宜从圆曲线的曲中点分开，分别对弯坡组合路段曲中点和曲线出口运行速度进行预测。
2 宜根据前后线形衔接方式确定弯坡组合形式，其形式分为弯坡前半段上坡、弯坡前半段下坡、弯坡后半段上坡、弯坡后半段下坡。
3 弯坡组合路段曲中点和曲线出口运行速度宜按表 B.4.8 中模型预测。

表 B.4.8 弯坡组合路段运行速度预测模型

弯坡组合形式		车型	预测模型
曲中点	前半段上坡	小型车	$v_{middle} = -244.123 + 0.6v_{in} + 40\ln(R_{now} + 500) - \dfrac{(600 - R_{now})(i_1 - 3)}{600} - 0.324i_2$
曲中点	前半段上坡	大型车	$v_{middle} = -80.179 + 0.7v_{in} + 15\ln(R_{now} + 250) - \dfrac{1.2(600 - R_{now})(i_1 - 2)}{600} - 0.106i_2$
曲中点	前半段下坡	小型车	$v_{middle} = -244.123 + 0.6v_{in} + 40\ln(R_{now} + 500) - \dfrac{0.6R_{now}(i_1 + 3)}{600} - 0.324i_2$
曲中点	前半段下坡	大型车	$v_{middle} = -80.179 + 0.7v_{in} + 15\ln(R_{now} + 250) - \dfrac{0.8R_{now}(i_1 + 2)}{600} - 0.106i_2$

续表 B.4.8

弯坡组合形式	车型	预 测 模 型
曲线出口 后半段上坡	小型车	$v_{out} = -183.092 + 0.7v_{middle} + 30\ln(R_{front} + 500) - \frac{1.2(600 - R_{now})(i_2 - 3)}{600} - 0.324i_3$
	大型车	$v_{out} = -53.453 + 0.8v_{middle} + 10\ln(R_{front} + 250) - \frac{1.5(600 - R_{now})(i_2 - 2)}{600} - 0.106i_3$
曲线出口 后半段下坡	小型车	$v_{out} = -183.092 + 0.7v_{middle} + 30\ln(R_{front} + 500) - \frac{0.8R_{now}(i_2 + 3)}{600} - 0.324i_3$
	大型车	$v_{out} = -53.453 + 0.8v_{middle} + 10\ln(R_{front} + 250) - \frac{R_{now}(i_2 + 2)}{600} - 0.106i_3$

注：1. v_{in} 为曲线入口的运行速度（km/h）；v_{middle} 为曲中点运行速度（km/h）；v_{out} 为曲线出口运行速度（km/h）。
2. R_{now} 为所在曲线半径（m）；R_{front} 为即将驶入的曲线半径（m），当前方为直线时，取 $R_{front}=600m$。
3. 小型车若 $R_{front} > 5R_{now}$，则按 $R_{front} = 5R_{now}$ 取值；大型车若 $R_{front} > 4R_{now}$，则按 $R_{front} = 4R_{now}$ 取值。
4. i_1 为弯坡组合中点前纵坡（%）；i_2 为弯坡组合中点后纵坡（%）；i_3 为弯坡组合前方的纵坡（%）。坡度上坡为正，下坡为负。将带正负号但不带百分号的坡度值代入公式，如上坡"4%"代入数值4，下坡"-4%"代入数值"-4"。
5. 若 v_{middle}、v_{out} 计算结果小于最低运行速度，则按最低运行速度取值；若大于期望速度，则按期望速度取值。
6. 若前半段或后半段含有两个不同纵坡值，则取纵坡坡度加权平均值代入公式。

B.4.9 宜按表 B.4.9 确定路侧净区宽度对运行速度的影响。宜根据分析单元的路侧净区宽度，乘以表 B.4.9 中相应的影响系数，对运行速度结果进行修正。

表 B.4.9 路侧净区宽度对运行速度的影响系数表

路侧净区宽度（m）	0.5	0.75	1.00	1.25	1.5	1.75	2	2.5
影响系数	0.88	0.93	0.97	1.00	1.02	1.04	1.06	1.09
路侧净区宽度（m）	3	4	5	6	7	8	9	
影响系数	1.11	1.15	1.17	1.20	1.22	1.23	1.25	

B.4.10 宜按表 B.4.10 确定平面交叉口密度对运行速度的影响。平面交叉口密度为分析单元内平面交叉口数量之和除以分析单元长度。宜根据平面交叉口密度，乘以表 B.4.10 中相应的影响系数，对运行速度结果进行修正。

表 B.4.10 平面交叉口密度对运行速度的影响系数表

平面交叉口密度（个/km）	影响系数				
	90km/h	80km/h	70km/h	60km/h	50km/h
5.0	0.89	0.92	0.94	0.96	0.97
2.5	0.93	0.94	0.96	0.97	0.98
2.0	0.94	0.94	0.96	0.98	0.98
1.0	0.97	0.97	0.98	0.99	0.99
0.5	0.98	0.99	0.99	0.99	0.99
0.3	0.99	1.00	1.00	1.00	1.00

B.4.11 宜根据路侧干扰物数量和路侧干扰横向间距，按图 B.4.11-1～图 B.4.11-3

确定影响系数，对运行速度结果进行修正。

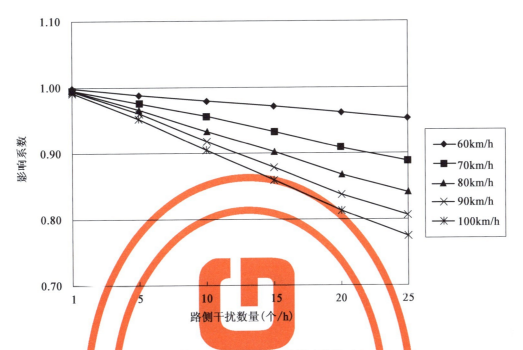

图 B.4.11-1 路侧干扰对运行速度的影响曲线（$W=1.5m$）

注：1. 路侧干扰横向间距 W =（硬路肩 + 土路肩）/2 + 1.0（m），取 0.5 的倍数。
    2. 进入路侧干扰区段的运行速度 v_{in} < 60km/h 或者 W > 2.5m 时，可以认为不受路侧干扰的影响。
    3. 路侧干扰物数量 = 行人数量 + 自行车数量/3 + 摩托车数量/12 + 路侧停车数量 × 1.25（个/h）。

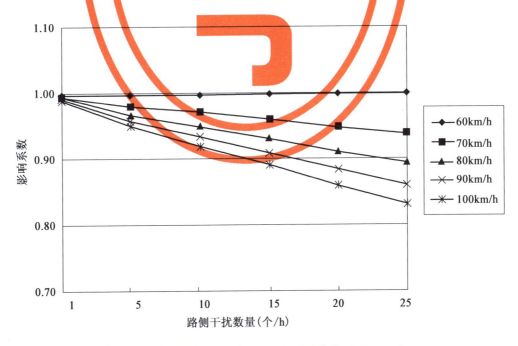

图 B.4.11-2 路侧干扰对运行速度的影响曲线（$W=2.0m$）

注：同图 B.4.11-1。

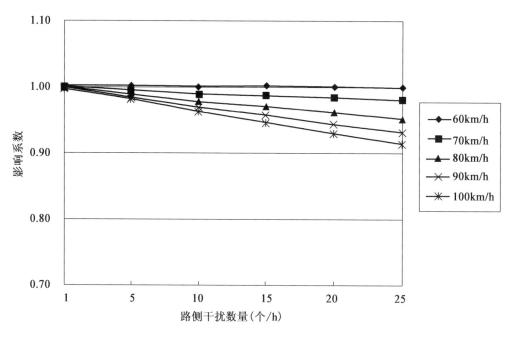

图 B.4.11-3 路侧干扰对运行速度的影响曲线（$W=2.5\text{m}$）

注：同图 B.4.11-1。

附录 C　路侧净区宽度计算方法

C.0.1　在不考虑路侧防护设施的前提下，路侧净区宽度可分为计算净区宽度和实际净区宽度。

C.0.2　计算净区宽度应根据公路平面线形指标状况、路基填挖情况、运行速度确定，并符合下列规定。

1　直线段计算净区宽度宜根据路基的填方、挖方情况分别由图 C.0.2-1 和图 C.0.2-2 确定。

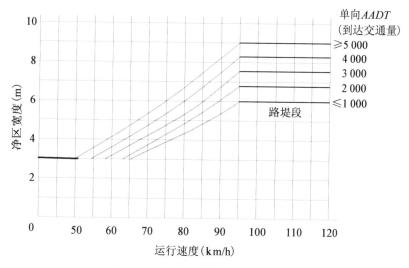

图 C.0.2-1　填方直线段计算净区宽度

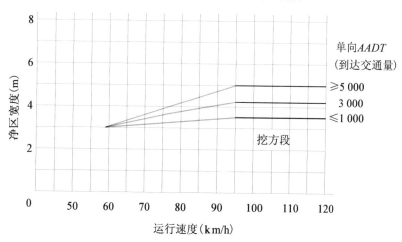

图 C.0.2-2　挖方直线段计算净区宽度

2 曲线段计算净区宽度宜采用相同路基类型对应的直线段计算净区宽度乘以调整系数 F_c 进行修正，其中 F_c 由图 C.0.2-3 查得。

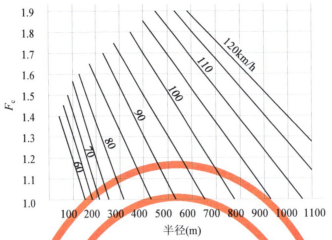

图 C.0.2-3 曲线段计算净区宽度调整系数 F_c

C.0.3 实际净区宽度应为从外侧车道边缘线开始，向公路外侧延伸的平缓、无障碍物区域的有效宽度，包括硬路肩、土路肩及可利用的路侧边坡，并应符合下列规定：

1 当路侧边坡坡度缓于 1:6 时，有效宽度为整个边坡坡面宽度。
2 当路侧边坡在 1:3.5 和 1:6 之间时，有效宽度为整个边坡坡面宽度的 1/2。
3 当边坡坡度陡于 1:3.5 时，边坡上不能行车，不作为有效宽度。
4 路侧存在未设置盖板的砌石边沟、排水沟区域时，不作为有效宽度。
5 路侧存在不可移除的行道树、花坛、标志立柱或障碍物时，不作为有效宽度。

本规范用词用语说明

1 本规范执行严格程度的用词，采用下列写法：
1）表示很严格，非这样做不可的用词，正面词采用"必须"，反面词采用"严禁"；
2）表示严格，在正常情况下均应这样做的用词，正面词采用"应"，反面词采用"不应"或"不得"；
3）表示允许稍有选择，在条件许可时首先应这样做的用词，正面词采用"宜"，反面词采用"不宜"；
4）表示有选择，在一定条件下可以这样做的用词，采用"可"。

2 引用标准的用语采用下列写法：
1）在标准总则中表述与相关标准的关系时，采用"除应符合本规范的规定外，尚应符合国家和行业现行有关标准的规定"；
2）在标准条文及其他规定中，当引用的标准为国家标准和行业标准时，表述为"应符合《××××××》（×××）的有关规定"；
3）当引用本标准中的其他规定时，表述为"应符合本规范第×章的有关规定"、"应符合本规范第×.×节的有关规定"、"应符合本规范第×.×.×条的有关规定"或"应按本规范第×.×.×条的有关规定执行"。

附件

《公路项目安全性评价规范》

(JTG B05—2015)

条文说明

1 总则

1.0.1 制定本规范的目的是统一公路项目安全性评价的技术要求和评价内容，保证评价的质量。

1.0.2～1.0.3 《公路项目安全性评价指南》（JTG/T B05—2004）（简称"指南"）主要适用于高速公路和一级公路的安全性评价。指南于2004年正式颁布施行后，公路项目安全性评价工作在我国已经开展了多年。根据各省（自治区、直辖市）问卷调研的结果，安全性评价理念已被广泛接受，安全性评价已广泛应用到各技术等级公路的建设和管理过程中，安全性评价需求日益增长。因此，结合问卷调研结果和目前的交通安全形势，条文第1.0.2条和第1.0.3条对适用范围进行了调整。调整后，安全性评价适用的公路技术等级范围从高速公路、一级公路扩展到二级公路、三级公路；适用的评价阶段由公路项目的工程可行性研究阶段、设计阶段和运营阶段，调整为工程可行性研究阶段、初步设计阶段、施工图设计阶段、交工阶段和后评价。运营阶段安全性评价的相关内容纳入到后评价章节中。

本规范中提到的"安全性"指在工程质量满足国家相关技术标准的前提下，为公路使用者提供有利于交通安全的公路、设施和交通环境。本规范中的"安全性评价"与现行行业技术标准条文中出现的"公路安全性评价"、"交通安全评价"、"行车安全评价"等词语相对应，内涵一致。

1.0.4 公路采用的设计车辆其外廓、载质量和动力性能是确定公路几何参数的主要依据。安全性评价以设计车辆作为评价代表车型。此外，在初步设计阶段和施工图设计阶段进行评价时，还需要根据预测交通组成，重点考虑公路几何设计对交通组成中所占比例较高车型的影响。如交通组成中的大型车比例高，则重点考虑采用大型车运行速度评价视距等；在连续上坡小半径圆曲线超高段，既要考虑小型车运行速度对安全的影响，又要考虑大型车重心对安全的影响。在后评价或通车后评价时，重点考虑项目运营后的交通组成和交通事故情况，如连续长陡下坡大型车事故多，则重点考虑大型车的速度控制、制动性能等评价内容。

2 术语

2.0.1 公路项目安全性评价，在国外也称道路安全审计（Road Safety Audit，简称RSA），在国内也称为公路安全性评价、交通安全评价、行车安全评价，有时也简称安全性评价、安全评价、安全评估或道路安全评价等。其核心为评价公路及其设施和交通环境等对交通安全的影响，目的是通过评价提供有利于交通安全的条件，从而减少交通事故，降低交通事故危害程度，提高安全水平。

RSA起源于英国，随后澳大利亚、新西兰、丹麦、荷兰、美国等国家相继实施。我国原交通部于2004年11月1日发布《公路项目安全性评价指南》（JTG/T B05—2014），作为公路工程行业推荐性标准，在公路交通行业内正式施行，同时也将安全性评价理念正式在国内进行了推广。根据国际惯例和国内进行安全性评价的实践经验，为了使评价结论客观公正，安全性评价通常由业主单位或相关管理单位委托第三方单位承担。第三方单位通常指具有公路行业相关资质，且与本项目设计、施工、监理等无直接利益关系的单位。

此外，本规范中的"交通安全"与现行行业技术标准条文中出现的"行车安全"、"运行安全"、"运营安全"等词语相对应。为了更加科学准确地表达词义，满足应用习惯，本规范将对应词语统一表述为"交通安全"。

3 工程可行性研究阶段

3.1 一般规定

3.1.1 本阶段通过对公路项目各走廊带方案中影响交通安全的因素进行评价,为工程可行性研究工程方案和下阶段设计提供安全建议;同时,还需适当考虑对社会环境和自然环境的影响。

3.3 评价内容

3.3.3 长期以来,由于我国公路网不完善,发生自然灾害或交通事故后的应急救援和紧急疏散一直是薄弱环节。自2007年《中华人民共和国应急法》实施以来,国家已经逐渐重视应急救援工作。本次修订新增此条文以提高对交通安全保障和应急救援等的重视程度。安全性评价从路网角度分析工程方案,考虑在发生自然灾害时,新建项目从路网上能够形成公路救援、疏散通道,保证抢险救灾的生命线。设置有长大隧道和特大桥梁等的路线方案,需要考虑实施救援的难度和设置应急救援通道的可行性。

4 初步设计阶段

4.1 一般规定

4.1.1 本阶段从交通安全的角度对路线方案进行评价,为辅助设计方案比选、优化设计方案提供依据。

4.4 比选方案评价

4.4.1～4.4.4 方案比选是初步设计阶段的重要工作,推荐方案往往是在多方案比选的基础上,综合考虑工程投资、环境等因素而得到的结果。通过比较和评价同深度比选方案中与交通安全相关的内容,定性说明各方案的评价结果,并从交通安全角度提出安全性占优的方案。

4.5 设计要素评价

4.5.1 1 运行速度协调性是指南推荐采用的重要评价方法,在近年的安全性评价工作中得到了广泛的应用。交通部西部交通建设科技项目"公路运行速度体系、安全性评价与工程应用技术研究"(2007～2010)课题中,通过对典型公路大量的现场速度观测数据进行统计分析,建立、验证并改善了运行速度模型,丰富了路线安全性评价理论与标准体系。本规范引入该课题的研究成果,进一步完善了指南运行速度协调性评价标准和运行速度计算方法。对于设计速度为80km/h及以下公路,由于局部路段线形指标较低,可能导致运行速度协调性不良。对于设计速度为100km/h和120km/h的公路,线形指标普遍较高,通常情况下运行速度协调性好。因此,本条规定设计速度为80km/h的高速公路,以及设计速度为80km/h及以下的一级公路、二级公路和三级公路需进行运行速度协调性评价。

3 相邻路段运行速度差值为分析单元起点、终点的运行速度差值,分析单元划分方法见本规范附录B。运行速度梯度是指一定长度(本规范采用100m)路段的运行速度变化值,体现了运行速度在一定长度区间内的变化敏感程度,是对相邻路段运行速度协调性评价指标的补充。考虑运行速度梯度指标后,运行速度评价方法更加贴近实际情况,有助于找出对交通安全不利的路段。根据相邻路段运行速度协调性评价经验,当相邻路段运行速度为加速时，一般认为对安全的影响不大；而相邻路段运行速度为减速且短距离内减速幅度大时，一般认为过大减速度影响安全，需要进行分析。

运行速度梯度绝对值 $|\Delta I_v|$ 采用式（4-1）进行计算。

$$|\Delta I_v| = \frac{|\Delta v_{85}|}{L} \times 100 \tag{4-1}$$

式中：$|\Delta I_v|$——运行速度梯度绝对值[km/(h·m)]；

$|\Delta v_{85}|$——分析单元起点、终点运行速度差值的绝对值（km/h）；

L——数值上等于以米计量的分析单元路段长度，但不含量纲。

4 同一路段是指设计速度及横断面相同的路段。

4.5.2 1 1）驾驶人在公路上通常不是以设计速度驾驶车辆，而是根据线形条件、交通状况及自身的驾驶技术等选择合适的行驶速度。运行速度反映了大多数驾驶人的驾驶期望，相比设计速度更加接近实际运行情况。选取的圆曲线半径既要适应沿线地形地物条件变化，又要与前后线形相协调。若采用与驾驶期望差别大的小半径圆曲线，会造成运行速度突变，导致不安全驾驶行为的发生。因此，本规范采用运行速度对接近最小半径的圆曲线进行评价。

当采用运行速度评价时，圆曲线半径采用式（4-2）进行计算。

$$R = \frac{v_{85}^2}{127(\mu + i)} \tag{4-2}$$

式中：R——路段运行速度要求的圆曲线半径（m）；

v_{85}——运行速度（km/h）；

μ——横向力系数；

i——路拱横坡度（%）。

横向力系数 μ 值的大小既要考虑路面与轮胎之间的摩擦系数，还要考虑驾乘人员的承受能力和舒适感。综合平衡二者后，表4-1列出了不同运行速度与横向力系数的关系。

表4-1 运行速度与横向力系数关系一览表

运行速度 v_{85}（km/h）	120	100	80	60	40	30	20
横向力系数 μ	0.10	0.12	0.13	0.15	0.15	0.16	0.17

2）回旋线接近公路行驶车辆在弯道上行驶的轨迹，回旋线参数及其长度直接影响线形设计的安全、视觉效果等方面。合理的回旋线长度能使驾驶人从容操纵转向盘，适当的离心加速度变化率能使驾乘人员感觉安全、舒适。由于设计速度往往低于运行速度，相应的回旋线参数及其长度往往难以满足运行速度要求，因此，需要采用运行速度对回旋线参数和长度进行检验。

曲线间最小直线长度是基于保证线形视觉连续性考虑的。反向曲线间直线长度过短，驾驶人转弯操作频繁，易造成心理紧张，使驾驶人难以稳定保持行车轨迹；同向曲线间直线长度过短,容易形成两段曲线反向弯曲的错觉,导致整个线形缺乏连续性。最大直线长度主要考虑驾驶人的视觉效果和心理上的承受能力,避免驾驶疲劳或急躁超速。采用运行速度对曲线间直线长度进行评价更加贴近于行车的实际情况,有利于交通安全。

平曲线长度主要根据运行速度评价最小长度。

2 1)公路视距是保证交通安全的重要因素。高速公路、一级公路一般设置有中央分隔带,采用分向分道行驶,不存在会车和对向超车需求,因此高速公路、一级公路评价停车视距。二级公路、三级公路采用双向行驶的交通组织方式,需要保证超车、会车的交通安全,因此,二级公路、三级公路评价停车视距、会车视距、超车视距。

2)根据"公路货车停车视距专题"研究结果,有些路段虽然满足小客车的停车视距,但是不一定能满足货车停车视距的要求。因此,高速公路、一级公路以及大型车比例较高的二级公路、三级公路,尚需要采用货车停车视距对相关路段进行评价。相关路段一般包括可能多发事故的曲线、出口匝道端部、车道数减少处、桥墩附近的交叉口、位于或接近凸形竖曲线的交叉口等路段。

3)运行速度与实际行车速度更加接近,因此,本规范推荐采用运行速度代替设计速度对停车视距、会车视距和超车视距进行核算。由于预测的运行速度往往大于设计速度,部分公路受地形条件限制,采用运行速度评价可能出现部分路段视距不足,为此,评价时需分析可能采取的安全措施。

3 1)安全分析表明,连续上坡、连续下坡路段对交通安全有一定影响。根据《公路工程技术标准》(JTG B01—2014)第4.0.20条及其条文说明,对于二级及二级以下公路越岭路线连续上坡(或下坡)路段的平均纵坡应进行控制;对于高速公路、一级公路应采用合理的平均纵坡,以提高纵坡路段的通行能力和运行安全。本规范提出对连续上坡或连续下坡进行评价,主要是针对坡度、坡长、平均纵坡等,结合运行速度及其变化、不同车型速度差、大型车制动效能等进行检验分析,为优化线形、完善安全设施、实施管理等综合措施提供依据。

2)凸形竖曲线最小半径的取值与缓和冲击、视距要求有关;凹形竖曲线最小半径取值与缓和冲击、车辆前灯光束照射距离、跨线桥下视距要求有关。本规范推荐采用运行速度对凸形竖曲线视距、凹形竖曲线缓和冲击的要求、跨线桥下视距等进行检查。竖曲线长度一般不短于3s运行速度行程长度。

4 2)连续上坡时,大型车对纵坡坡度和坡长等指标比较敏感,往往在连续上坡中车速迅速降低,而纵坡坡度和坡长等指标对小型车运行速度的影响很小,由此造成小客车与大型车速度差增大,使得超车次数增多,安全性降低。若低速上坡的大型车互相超车,则会长时间占据行车道,对其他车辆正常行驶造成极大影响。根据美国的统计,当载货汽车车速低于平均车速16km/h时,事故率明显增加;低于平均车速24km/h时,事故率将增加到2.4倍。为缓解连续上坡路段对交通安全的影响,《公路工程技术标准》(JTG B01—2014)第4.0.8条规定"高速公路、一级公路以及二级公路的连续上坡路段,当通行能力、运行安全受到影响时,应设置爬坡车道。爬坡车道宽度不应小于

3.50m。六车道以上的高速公路，可不设置爬坡车道。"因此，本规范提出根据预测交通量及交通组成、服务水平、运行速度等评价爬坡车道设置的必要性和设置位置。

3）避险车道是供制动失效车辆尽快驶离行车道、减速停车、自救的专用车道。《公路工程技术标准》（JTG B01—2014）第4.0.9条规定"连续长、陡下坡路段，应结合交通安全评价论证设置避险车道"。本项规定对避险车道设置的必要性、设置位置和数量等进行评价。

避险车道设置主要根据载货车辆下坡制动器温度模拟计算确定，美国联邦公路局（FHWA）开发的坡度严重度分级系统（Grade Severity Rating System，GSRS）把汽车制动器温度是否超过260℃作为是否设置避险车道的依据。评价避险车道的设置位置时，需注意以下内容：

避险车道与主线保持恰当的驶离角度。连续长陡下坡路段坡底附近小半径曲线之前往往是下坡事故多发点，一般在失控车辆不能安全转弯的主线弯道之前，沿曲线的切线设置避险车道，确保失控车辆顺利驶入。从车辆失控概率和驾驶人行车心理角度出发，如果选择连续长下坡路段后半段设置避险车道，可以提高避险车道的利用率，但不能修建在坡底路侧人口稠密区域。避险车道入口尽量设置在公路平面指标较高的路段，避险车道的线形采用直线。

4.5.3 1 路侧净区宽度分为计算净区宽度和实际净区宽度。计算净区宽度为失控车辆有可能返回路面所需要的最小宽度。计算净区宽度根据路段运行速度、交通量，以及路基填、挖和平面线形指标状况进行计算。计算净区宽度在附录C中分为直线段计算净区宽度和曲线段计算净区宽度。实际净区宽度在考虑公路路基断面组成、边坡坡度、边沟形式、路侧障碍物等，而不考虑防护设施的前提下，根据实际情况确定能提供给失控车辆返回路面的路侧宽度。由于我国受到用地限制等原因，实际净区有可能不能满足计算净区要求。当条件不具备时，本款不要求设计的实际净区宽度符合计算净区要求，评价重点在于核查净区内障碍物处置是否科学合理。

2 路侧净区内的障碍物直接影响失控车辆的安全。障碍物包括排水设施、路缘石、跨线桥墩、标志立柱、照明灯杆、行道树等。结合美国AASHTO《路侧设计指南》（2011版）和我国的实践经验，常用的处理措施如下：

去除路侧净区内的障碍物；重新设计障碍物，使失控车辆能安全越过；将障碍物移至不易被失控车辆碰撞的位置；通过采用解体消能设施或结构减少失控车辆撞击的严重程度。在以上四种措施不能实施而导致驶出路外车辆产生的事故严重程度高于碰撞护栏的严重程度时，考虑设置护栏或缓冲设施。如因条件限制不能实施上述方案，则需要对障碍物加以视线诱导和警示。

评价时需结合实际情况，科学选用处理措施，以便最大限度地减小对失控车辆的危害程度。

4.5.4 4 当桥梁上跨被评价公路项目时，上跨桥梁的桥墩台有时会阻挡驾驶人的视线，可能导致圆曲线路段视距不足而影响交通安全，需要评价桥梁墩台对被评价公路视觉条件的影响。评价时根据运行速度、桥梁墩台距离行车道的距离等对视距进行验算。当上跨桥梁位于被评价公路的小半径凹形竖曲线附近时，驾驶人的视线有可能被上跨桥梁的上部结构遮挡，需要评价上跨桥梁的上部结构对被评价公路视觉条件的影响。根据主线车辆的运行速度与竖曲线半径、上跨桥梁梁底净空等对视距进行验算。

4.5.5 2 隧道洞口附近积水、结冰等情况直接影响交通安全。隧道洞口附近设置竖曲线，特别是竖曲线上纵坡接近平坡时，往往造成排水不良。

4.5.6 2 互通式立体交叉间距是保证交通安全的重要指标。互通式立体交叉之间、互通式立体交叉与服务区等设施的最小间距是满足相邻入、出口之间设置完整的标志和维持交通流稳定所需的最小间距。当间距达不到一般最小间距要求时，会因为频繁的分、合流等导致事故率增加。当相邻互通式立体交叉的间距超过设置3个出口预告标志所要求的距离时，间距的大小对安全几乎没有明显影响。《公路工程技术标准》（JTG B01—2014）第9.2.4条规定了互通式立体交叉间距。《公路立体交叉设计细则》（JTG/T D21—2014）第5.4.3条规定了互通式立体交叉间距及与其他设施（如服务区、停车区等）的最小间距。在实际应用中，由于受地形、路网结构或其他特殊情况限制，互通式立体交叉之间，或与其他设施的最小间距不能满足规定时，按《公路立体交叉设计细则》（JTG/T D21—2014）执行，其第5.4.4条规定了最小净距的要求和小于最小净距时的处理原则。由于最小净距是根据车辆驶离主线全过程所需的距离确定的，评价时需根据变换车道的数目，在运行速度条件下，计算驾驶人认读标志、行动决策、寻找间隙、变换车道和出口确认的全过程所需要的全部距离。

互通式立体交叉与隧道之间的间距主要考虑如下内容：

（1）隧道出口端与前方主线出口的间距：评价主要考虑满足设置完善的指路标志的需要；对于山区高速公路隧道出口与前方主线出口之间间距偏小的情况，《公路立体交叉设计细则》（JTG/T D21—2014）第5.4.5条规定的最小净距是驾驶人在完成明适应、寻找间隙、变换车道和出口确认等过程中行驶的距离。由于最小净距假定的前提是出口预告标志的辨认、读取和行动决策等过程在出隧道前完成，所以评价时既需考虑最小净距提出的前提条件是否可以成立，又要考虑保证车辆在运行速度下的最小净距。

（2）主线入口与前方隧道之间的净距：评价时需要考虑寻找间隙、车辆驶入主线调整车速和位置、隧道入口段的光环境变化和驾驶人暗适应过程等因素。

互通式立体交叉与主线收费站之间的间距主要考虑如下内容：

（1）收费站与前方主线出口的间距：评价主要考虑满足设置完善的指路标志的需要。《公路立体交叉设计细则》（JTG/T D21—2014）第5.4.6条规定了最小净距。最小净距是驾驶人在认读标志、行动决策、寻找间隙、变换车道和出口确认等过程中行驶的距离。

（2）主线入口与收费站的间距：评价时考虑车辆驶入主线后驾驶人反应、行动决策和调整车速所需的最小距离。当最小净距不能得到满足而设置了辅助车道时，尚需在上述因素的基础上，考虑变速段的设置要求和可能出现的交织对交通安全的影响。

3 若互通式立体交叉出入口形式频繁变化，驾驶人到达出入口时容易出现犹豫、误判，甚至导致错过出入口，影响交通安全。《公路立体交叉设计细则》（JTG/T D21—2014）第5.6节出口形式相关条文提出了形式一致的要求。评价出口形式时需注意：

分流鼻端统一设置于交叉点之前或之后（最好设置于交叉点之前），且采用单一的出口方式。当分流的交通量主次分明时，次交通流统一在主交通流的右侧分流，而不采用左、右侧交替分流的方式。

5 当互通式立体交叉各路段和各部位的服务水平差别过大，或者与交叉公路的服务水平不协调时，可能出现交通流严重紊流，局部路段出现交通瓶颈，不仅影响运行效率，而且降低交通安全水平。因此，本款提出对通行能力和服务水平等进行评价。评价时重点针对交通量明显变化的交织部位或路段。考虑到服务水平与交通安全的关系，以及在初步设计阶段实际评价的难度，本款在用词上采用"可"。

4.5.7 1 本条适用于一级公路、二级公路、三级公路的平面交叉评价，也包括高速公路互通式立体交叉匝道端部的平面交叉评价，其他小型接入口等平面交叉参照本规范或按照《公路工程技术标准》（JTG B01—2014）相关要求进行评价。平面交叉间距直接影响到公路功能的发挥和交通安全。《公路工程技术标准》（JTG B01—2014）第9.1.5条根据公路技术等级和功能提出了平面交叉的最小间距。研究表明，平面交叉间距越小，数量越多，横向干扰越大，对公路通行能力和交通安全影响也越大，造成的交通延误也越严重。因此，本款要求对平面交叉的间距进行评价。评价时需要同时考虑平面交叉的位置与间距。

3 《公路工程技术标准》（JTG B01—2014）第9.1.2条规定"交通管理方式分为主路优先、无优先交叉和信号交叉三种，应根据相交公路的公路功能、技术等级、交通量等确定所采用的方式"。其中主路优先又分为次路减速让行、次路停车让行两种。调研表明，国内许多道路使用者对平面交叉口的交通管理方式及其规则不熟悉，导致部分平面交叉交通状况混乱，交通事故较多。不同交通管理方式条件下，所形成的冲突点数量和冲突区域大小不同。平面交叉形式需要选用使主要公路交通顺畅、冲突点数量少、冲突区域小的形式。因此，本款提出要结合交通管理方式评价平面交叉形式。

此外，在同一公路上交叉口的形式尽量保持一致，以满足驾驶人的驾驶适应性。若交叉口形式变换频繁，驾驶人在每次进入交叉口前都要重新判断交叉口的交通组织、车辆运行特点等，将会增加驾驶人的工作负荷。特别在车速高、交通量大的干线公路，驾驶人需处理的信息量比较大时，交叉口形式频繁变换对于行车安全是不利的。

4 平面交叉范围内的通视三角区是保证平面交叉设计安全的关键要素。《公路工程技术标准》（JTG B01—2014）第9.1.7条强调对各级公路的平面交叉范围内的通视三角区进行停车视距检验。当评价发现通视三角区存在视线遮挡时，应提出安全措施。

平面交叉范围内的通视三角区与交通管理方式相关，不同的交通管理方式下对交口的通视要求不同，通视三角区也有差异。评价需注意结合现行标准规范和国内外的相关研究成果进行，下面列出常见的几种情况：

（1）当交叉口无控制或采用次路减速让行交通管理方式时，评价一般采用运行速度计算通视三角区，通视三角区如图4-1所示。若通视三角区内存在阻碍通视的物体（包括建筑物、行道树等绿化工程、交通工程、路侧安全设施等），则通视三角区需要改善通视条件或清除障碍物。

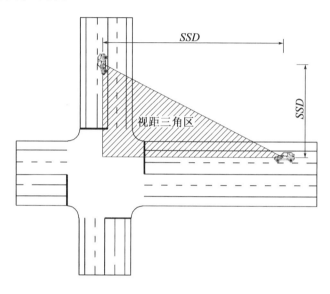

图 4-1　通视三角区

（2）当采用次路停车让行交通管理方式时，理想的通视三角区是图4-1中各引道均能提供按运行速度计算的停车视距（SSD）。若条件受限不能保证由SSD所围成的通视三角区，则需保证主要公路的安全交叉停车视距（SISD）和次要公路至主要公路车道中心线距离5～7m所构成的三角区通视，如图4-2所示。《公路路线设计规范》（JTG D20—2006）第10.3.2条规定了不同设计速度下的安全交叉停车视距（SISD），评价时需结合运行速度进行验算。目前我国对安全交叉停车视距计算方法研究较少，通常参考澳大利亚国家公路局的《交通工程实践指南》（第五分册　平面交叉）（National Association of Australian State Road Authorities，NAASRA，Guide to Traffic Engineering Practice，Part5，Intersection At-Grade，Australia）中的计算公式［式(4-3)］。但是，该式第一项

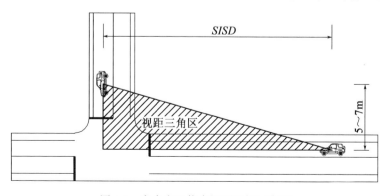

图 4-2　安全交叉停车视距通视三角区

($0.833v_{85}$）表示按照运行速度计算在反应时间（3s）内的行驶距离，第二项（SISD）计算中考虑了反应时间（2.5~3s）内行驶距离和制动距离，由于这两项重复考虑了反应时间内的行程，所以，使用该式计算的通视三角区范围偏大，适用于主路有条件改善视距的平面交叉。

$$SISD = 0.833v_{85} + SSD \tag{4-3}$$

式中：$SISD$——安全交叉停车视距（m）；

SSD——采用运行速度计算的停车视距（m）；

v_{85}——运行速度（km/h）。

（3）当采用信号交叉交通管理方式时，美国 AASHTO 的《公路与城市道路几何设计政策》(A Policy on Geometric Design of Highways and Streets)（第 6 版）"要求每个进口道的停止线前的第一辆车能够被其他方向进口道的第一辆车驾驶人看到。同时需检查左转的车辆有足够的视距和时间完成左转。除此之外，信号交叉口一般不要求采用抵达视距（Approach Sight Distance）或出发视距（Departure Sight Distance）。"抵达视距是指采用无优先交叉交通管理方式，相交道路车辆同时减速通过交叉口对应的视距；出发视距是指采用次路停车让行交通管理方式对应的视距。研究表明，对交通量大且视距受限的交叉口，采用信号交叉，由于路权分配明确，车速低且交通冲突少，是一种有效的安全策略。结合《道路交通信号灯》(GB 14887—2011) 相关规定和交通部西部交通建设科技项目"公路平面交叉口交通安全技术研究"成果，为避免视距受限造成交通事故，评价信号交叉的视距时，还需考虑相位设置、信号配时、可接受间隙、信号灯的可视范围等。比如，当在一个相位内能同时左转和直行时，主路左转车辆需保证能够看清前面的左转车辆并保持安全距离，同时需要注意对向来车，使对向车辆有足够的距离停车。当位于中央分隔带的墩、柱等影响左转车辆视距时，需考虑设置左转保护相位，使左转的车辆有足够的视距和时间完成左转；当右转车辆在直行红灯期间仍可以通行，或夜间、非高峰时间采用闪光警告信号灯（主路黄闪灯、次路红闪灯）时，需按停车让行方式检查相应的通视三角区。

4.5.8 1 从系统论的角度考虑交通安全设施的综合效果是极为重要的，因此，本条提出交通工程及沿线设施的设计原则、设置类型等需要与主体工程的设计意图、交通运行特点和安全运营需求相适应，以达到各种安全设施之间、安全设施与沿线设施之间充分配合，发挥作用。

2 服务区、停车区可以为驾驶人，特别是大型车驾驶人提供一个停车休息和检修的区域，具备条件时，还可提供加水、降温等设施。在服务区、停车区设立标志，标明后面的连续下坡的坡度、坡长、危险点、避险车道等信息，向大型车驾驶人介绍路况和推荐安全的下坡速度，可以达到较好的安全效果。实践证明，当连续下坡距离较长时，在下坡起点和下坡过程中，利用视线良好的有利空地设置停车服务设施是提高安全性的有效方法。而当服务区、停车区等选址位于连续长陡下坡坡底附近、小半径圆曲线之后，或其场地高程明显低于主线，将会造成进出车辆加减速过急，不利于交通安全。此外，若服务区、停车区的规模设计不合理，规模偏小，车辆易在入口堵塞，导致整个服务区、停车区路段安全性降低。因此，本款规定对服务区、停车区设计的选址、规模、线形设计等参数进行评价。对于服务区与互通式立体交叉合并设置的情况，评价时需注意在保证互通式立体交叉匝道连续和便捷的前提下减少交通流线和降低交通组织复杂程度，并结合运行速度验算服务区匝道相邻鼻端之间的距离、服务区匝道分岔至停车场的距离是否符合《公路立体交叉设计细则》（JTG/T D21—2014）第 12.2.7 条的相关规定。

3 当收费站设置在连续长陡下坡坡底、匝道坡底或急弯后等路段时，车辆的运行速度和视距受收费站前平、纵线形影响较大，不利于车辆平稳减速和安全进入收费站。因此，本款规定对收费站位置进行评价。评价时不仅要考虑《公路立体交叉设计细则》（JTG/T D21—2014）第 6.2.2 条和第 8.6 节相关条文中关于收费站选址、收费广场的平面、纵面线形等方面的技术要求，还要考虑其前后路段的通视条件、运行速度过渡和纵坡对大型车运行速度的影响。

5 气象灾害多发路段主要指经常受暴雨、降雪、团雾、凝冰、侧风、风吹雪等严重影响的路段。此外，监控设施的设计尚需考虑互联网和可持续发展的要求，提高设备使用效率，减少升级改造时的浪费。

6 改扩建公路利用事故率高、交通拥堵严重、气象灾害多发的既有公路路段时，《高速公路改扩建交通工程及沿线设施设计细则》（JTG/T L80—2014）第 4.0.7 条要求应提出有针对性的设计方案。评价时需要重点评价方案中的综合整治措施。

5 施工图设计阶段

5.1 一般规定

5.1.1 本阶段通过评价交通工程及沿线设施设计与线形指标、结构物、交通环境等的协调性，为优化交通工程及沿线设施设计提供建议。

5.2 评价方法

5.2.2 驾驶模拟方法通常在驾驶模拟舱系统中实现。驾驶模拟舱系统由驾驶模拟舱、场景投影设备、计算机和软件系统等构成，是测试驾驶行为的实验平台。驾驶模拟方法不仅可构建地形、地物、道路线形、交通安全设施、交通流等的三维场景仿真实验环境，而且可以让驾驶人真正感受车辆模拟启动、加减速、转向、制动等过程中汽车发动机声音、车辆振动以及转弯离心力变化的感觉。驾驶模拟方法提供了动态测试和记录车辆速度、加速度、行驶轨迹、驾驶人生理心理等实验数据，是测试复杂的道路交通环境下驾驶行为变化、交通安全的一种有效手段。

5.4 设计要素评价

5.4.1 1 从保证交通安全的角度出发，本款规定对超高值的运用进行评价。评价时需要注意结合运行速度、大型车比例、气象条件等对超高值和最大超高值进行评价。在评价超高值时，考虑车辆运行的实际情况，采用预测运行速度进行计算。当采用路段运行速度计算的超高值大于设计速度对应的超高值时，需综合考虑各种相关因素，对加大超高值或维持原设计超高值，以及增加速度控制设施等方案进行分析和比较。

超高值采用式（5-1）进行计算。

$$i = \frac{v_{85}^2}{127R} - \mu \tag{5-1}$$

式中：i——超高值；

v_{85}——运行速度（km/h）；

R——圆曲线半径（m）；

μ——横向力系数。

超高设置既要考虑车速较高的小型车安全行驶，又要考虑车速较低的大型车安全行驶。曲线上行驶需要选择合理的超高，有效避免横向倾覆和横向滑移。在车速较高的情况下，离心力较大，为了平衡离心力需要较大的超高；而在车速较低的情况下，离心力较小，在纵坡陡、超高大的路段，车辆有沿着路面最大合成坡度下滑的危险。一般来说，滑移先于倾覆发生。但是如果大型车载货后重心较高，也有可能出现倾覆现象。

此外，大坡度下坡与圆曲线组合在一起时，拖挂车等大型车辆的行驶稳定性将受到不利影响。当半拖挂车在下坡路段实施制动时，货物位移作用使得车辆后轴支撑的侧向力减小，当车辆的运行速度接近曲线上的最大安全速度时，后轮可能偏离轨迹，导致车辆翻转。为了抵消大坡度下坡与圆曲线组合时对拖挂车稳定性造成的不利影响，位于大坡度下坡路段（一般纵坡大于3%）的圆曲线超高值需适当提高，并按式（5-2）进行计算：

$$E_{\min} = E + \frac{i_{纵} + E}{6} \tag{5-2}$$

式中：$E_{\min}$——大坡度下坡路段的最小超高值；

$i_{纵}$——纵坡，取绝对值；

E——按非大坡度下坡路段设计的超高值。

2 研究表明，车辆在圆曲线内行驶，后轮轨迹半径比前轮轨迹半径小。对于大型集装箱铰接货车来说，将增加车辆侵入车道外侧的危险。当载货汽车比例较高时，高速公路匝道、二级公路、三级公路在小半径圆曲线路段设置加宽，可以保证铰接货车转弯和会车的安全性。《公路路线设计规范》（JTG D20—2006）规定了圆曲线路段3类加宽，对应不同的加宽值，适用不同的条件。《公路立体交叉设计细则》（JTG/T D21—2014）第9.4.1条和第9.4.2条分别规定了匝道圆曲线路段路面加宽的通行条件和加宽值。调研发现，车辆通常在进入小半径圆曲线后其轨迹朝弯道内侧偏移，而出弯道时其轨迹朝外侧偏移。对于相同半径的小半径圆曲线，车辆进入曲线前的车速越快，朝内侧的偏移量也越大，此时车辆会穿越道路中心线。当车辆运行速度过快时，即使按照规范要求进行了加宽处理，仍然存在车辆越线行驶的安全隐患。对于以上情况，需考虑将公路中心线向曲线内侧偏移，或进行中心标线渠化设计，以防止驾驶人占用对向车道行驶，引导车辆沿安全的轨迹行驶。

4 调研发现，在部分设置了爬坡车道的公路上，很多大型车并不进入爬坡车道行驶，导致大型车占用大部分行车道，部分小型车将爬坡车道作为超车道冒险超车。这往往与爬坡车道设置的标志、标线不尽合理有关。因此，有必要对爬坡车道区间内的相关标志、标线进行评价，如将爬坡车道之前的行车道标线直接与爬坡车道相连，提示大型车靠右行驶。

5 为了充分发挥避险车道在紧急情况下的作用，对避险车道进行评价时需要注意以下事项：

（1）引道

避险车道的引道入口保证视距良好，紧急情况下驾驶人可清晰地看到避险车道的全部线形。避险车道引道与制动砂床的交线，与进入避险车道车辆的行驶方向垂直，以保证车辆前轮可以同时进入制动砂床，避免因两侧车轮摩擦力不均而导致在避险车道入口发生侧翻事故。根据工程经验，避险车道引道采用直接式减速车道的设计方法，流出角与主线的夹角尽可能小，通常要求小于5°，最大不大于10°。

(2) 平面线形

避险车道平面尽量避免采用曲线线形。曲线会降低避险车道的效能，若车辆在失控状态下急打转向盘，很可能引起侧翻或碰撞护栏，有时甚至带来更严重的二次事故。

(3) 纵面线形

避险车道的纵面线形（制动坡床）最好采用直线单坡。若由于地形条件和工程量等限制需要使用多个坡度组合时，需避免设置小半径的凸形竖曲线，并保证整条避险车道线形均在失控车辆驾驶人的视线之内。

(4) 长度和坡度

避险车道的长度和坡度由地形条件、工程量、失控车辆驶出速度以及避险车道坡床材料等因素综合决定。避险车道的长度包含分流段长度、变坡竖曲线长度及制动坡床长度，其中制动坡床长度是起到实际减速作用的长度。为减少长度和节约工程量，一般考虑适当加大避险车道的上坡坡度。加大上坡坡度虽然可以减少避险车道的设置长度，但是过陡的坡度会让驾驶人产生畏惧感，不敢驶入避险车道。此外，上坡坡度还需保证车辆在避险车道上停车后不会下滑。

(5) 制动坡床的材料

避险车道以提供足够的制动距离为优先考虑因素。避险车道制动坡床的材料要求无杂质、不易被压实且有较高的滚动阻力系数。常用的制动坡床材料为砂、砾石、碎石、卵石。制动坡床料坑深度一般为50~100cm。为减少车辆进入制动坡床时的冲击，在坡床起始端30~60m内，将料坑深度由10cm过渡到全深。

(6) 端部处理

为保证车辆和驾驶人的安全，避险车道端部设置防撞墙和缓冲设施。一般在避险车道的端部防撞墙前设置集料堆、防撞砂桶或废旧轮胎等。防撞墙和缓冲设施不能代替避险车道的有效制动长度。在车辆撞到防撞墙和缓冲设施时，车速必须已经降到20km/h或者更低，才能保证车辆和驾驶人的安全。条件严重受限时，需考虑在避险车道设置阻拦网。

(7) 排水

为保证避险车道制动坡床材料的洁净和制动效果，需对避险车道的排水设施进行较为完善的设计，防止水渗透到制动坡床材料的空隙中，导致材料的密实度增加，滚动阻力变小。

(8) 交通安全设施和管理设施

需设置标志、标线、防撞护栏等交通安全设施和照明等管理设施，使避险车道能在紧急情况下充分发挥作用。当连续长陡下坡路段设置多处紧急避险车道时，在标志设计时需考虑让驾驶人获知多处避险车道的设置数量和位置等信息。

6 2)《高速公路改扩建设计细则》(JTG/T L11—2014)第3.0.7条规定:单侧拼宽或单侧分离增建后,既有公路双向行驶改为单向行驶,其中央分隔带保留的路段设置同向车道分隔带,改造为路面的路段设置车道转换带;第5.1.3条规定"高速公路改扩建宜采用两侧加宽,条件受限制时可采用单侧加宽。采用单侧加宽时,应加强原路侧车道转换带、交通工程等设计。"单侧加宽通常是在受到地形或互通式立体交叉等大型结构物条件限制时采用。由于受到互通式立体交叉出入等影响,车辆运行状况比较复杂,为了确保安全,需对车道转换带位置、长度及其交通工程设施进行评价。

5.4.2 1 不同路面材料衔接或路面抗滑能力易下降的路段主要有连续上坡路段、连续长陡下坡路段、隧道洞口、大型桥梁路段、桥隧相连路段、收费站、穿村镇路段等。连续上坡路段因大型车特别是超载车辆爬坡时会排出大量尾气,油气沉积在路面上而降低路面的摩阻系数;连续长陡下坡路段,因大型车辆常采用淋水制动,水遗洒在路面上也会降低路面摩阻系数,造成车辆打滑、行驶不稳。

3 路侧梯形或矩形边沟和排水沟无法帮助不慎驶出路外的车辆安全返回行车道。可越式(如三角形、浅碟形等)边沟和排水沟更有利于失控车辆安全返回行车道,更加有利于交通安全。

当路线纵坡为平坡或接近平坡时,超高渐变段可能导致排水不畅,特别是S形平曲线公切点附近的超高渐变段易形成平坡,影响交通安全。为消除或缓解平坡段的排水问题,评价时除检查排水设计外,还需注意对于以上问题考虑采用较大的超高渐变率,尽量缩短可能的平坡段长度,或增设一道至多道路拱线,以减小水流长度,从而达到减少路面积水的效果。

4 改扩建公路路面拼宽后路表汇水面积加大,对公路排水的要求相应提高,需要对排水设施是否满足改扩建后的排水需求进行评价。《高速公路改扩建设计细则》(JTG/T L11—2014)第7.1.5条规定"应维持或改善既有公路中央分隔带及超高路段排水设施功能,排水设施损坏的应进行修复,排水设施功能不满足改扩建后的使用要求时应进行改造。"

5.4.3 1 上跨桥梁的墩台等障碍物存在于路侧时,一旦车辆与之发生碰撞,对车辆本身及上跨桥梁的安全都将带来危害。当上跨桥梁墩台位于计算路侧净区之内时,需要进行有效的防护,并保证防护设施在碰撞变形后,不伤及上跨桥梁墩台,同时将碰撞后的车辆伤害降到最低。

4 桥面侧风引起的主要安全问题包括车辆的侧倾、侧滑和侧偏。侧倾是指在较高风速条件下,侧面积大的车辆可能被侧向风吹翻;侧滑是指在高风速条件下,因路面湿滑,车辆轮胎侧向摩擦力小于侧风力,从而使车辆失控现象;侧偏是指车辆通过风速变化区域时,在驾驶人未转动转向盘的情况下,车辆由于累积横向偏移量过大,而进入其他车道的现象。以上三种问题与路面状况(摩阻系数)、公路线形(弯道、纵坡、横坡等)、车型及装载、车速、风速及风向等因素有关。研究表明,相同车型、路况及车速条件下,随着侧风的增强,侧滑最先发生。侧滑的危险性随着车速增大和路面附着系数的减小而增大。因此,本条第4款要求评价侧风对桥面交通安全的影响。

5.4.4 2 调研表明,当隧道内外路面抗滑性能差异大时,车辆在加、减速等过程中容易打滑,会导致隧道出入口的事故率相对较高。《公路工程技术标准》(JTG B01—2014)第8.0.1条规定"隧道路面应具有足够的抗滑性能。洞内、外衔接路段路面设计抗滑性能应一致"。近年调研表明,目前公路隧道洞内、外衔接路段一般采用相同的路面材料,设计抗滑性能一致,但是受地形条件、气候条件、车辆使用状况等影响,通车运行后隧道洞内、外衔接路段的实际抗滑性能有可能存在较大差异,因此,本款规定对隧道洞口抗滑的改善措施进行评价。洞内、外衔接路段是指紧邻洞口的洞外以及洞内相接的、具有一定长度的路段。

近年交通事故调研表明,部分公路隧道内采用水泥混凝土路面,隧道外采用沥青混凝土路面,并将沥青混凝土路面延伸进隧道内100~300m。在不同路面材料过渡路段,由于照明等影响,水泥混凝土路面反光,易造成驾驶人误判前方路况,导致采取紧急制动等操作。当以上情况与路面湿滑同时出现时,易造成车辆横向滑移、失控,甚至发生交通事故。基于以上问题,评价时注意考虑不同路面材料的分界和过渡位置,以及隧道线形、排水、照明等对洞口附近车辆安全行驶的综合影响。

3 公路隧道的照明尤其是洞口处的照明对车辆行驶安全的影响很大,这表现在以下两个方面:

一方面,人的视觉功能对于由明到暗的变化需要有一个适应的过渡期。隧道内外明暗差很大时,驾驶人在隧道进口处往往会感觉洞口黑暗,以至于无法辨认洞口附近的状况和车辆,产生"黑洞效应"。此时,驾驶人可能进行急减速、制动、转向等操作,一旦操作失误会导致车辆失控撞击隧道壁或被后车追尾。另一方面,在隧道出口附近,白天驾驶人看到的是一个刺眼的眩亮白洞,此时形成"白洞效应"。"白洞效应"会降低驾驶人出洞口时的视觉功能,从而无法看见或准确判断前方线形和车辆。夜间正好与白天情况相反,在"黑洞效应"作用下驾驶人出洞口时看到的不是亮光而是黑洞,难以辨清洞外线形及路面上的障碍物。

隧道照明评价时需考虑隧道洞口内外侧照明和车辆运行速度,按照《公路隧道设计规范 第二册 交通工程与附属设施》(JTG D70/2—2014)和《公路隧道照明设计细则》(JTG D70/2-01—2014)的相关条款进行评价,以最大限度地满足驾驶适应性需要。

隧道通风按照《公路隧道通风设计细则》(JTG D70/2-02—2014)的相关条款要求进行评价,并适当考虑隧道内车辆运行速度及隧道坡度对烟雾设计浓度取值的影响。长隧道、特长隧道需考虑污染物累积,以及交通阻滞及火灾情况下的通风指标,确保特殊工况下的安全运营。

隧道照明、通风、消防等设计审查或评估的结论与交通安全相关时,可加以引用。本款重点考虑对正常交通工况下,照明、通风、消防、监控等设计对交通安全的影响;

对交通阻滞及火灾等异常工况的评价，必要时，需结合项目情况提出进行专项评价的建议。考虑这项工作的复杂性和条文可操作性，规范用词采用"宜"。

4 分离式隧道洞口交换联络车道及其辅助设施有助于保障交通安全。长隧道和特长隧道需在同向分离路基前、隧道口转换车道前设置信息发布设施及车道引导设施，根据不同路幅的交通状况及时调节交通流的分配。

设置隧道群将使车辆在很短的时间内频繁进出隧道，明暗变化以及行车环境的改变对驾驶人心理和生理均有一定影响。隧道群路段往往桥隧相接，应急救援难度较大。《公路工程技术标准》（JTG B01—2014）第 8.0.5 条规定"洞口之间小于 6s 设计速度行程长度的相邻隧道，应系统考虑通风、照明、安全、管理等设施及防灾、救援等需要进行整体设计"。因此，评价时需把隧道群及其与交通安全相关的公路设施作为整体进行评价。

5 改扩建公路隧道单方向行车采用两个隧道分行将成为比较普遍的现象。为了便于事故救援、解决驾驶人选择车道带来的安全问题和交通量不平衡问题，《高速公路改扩建设计细则》（JTG/T L11—2014）第 10.1.6 条规定"增建隧道、扩挖隧道与既有隧道互为逃生通道时，其横向通道的设置应符合新建隧道的规定。"

5.4.5 1 控制曲线即线形指标按照基本路段设计速度控制的曲线。由于分流鼻端至控制曲线之间存在较大的运行速度差，从分流鼻端至匝道控制曲线起点路段设计适当的长度，可以实现运行速度连续、均衡降低。为了使过渡段上运行速度的变化可控制在一个合理的范围内，运行速度过渡段上任意一点的平曲线曲率半径需要与运行速度相适应，以避免驾驶人急打转向盘或紧急制动而导致安全问题。因此，本款规定对分流鼻端至匝道控制曲线起点路段的长度，及其平曲线曲率半径对交通安全的影响进行评价。评价时，分流鼻端的通过速度是确定出口匝道线形指标和控制出口匝道几何设计的重要依据，该速度需根据所在地区类似公路项目出口匝道运行速度现场观测或模拟计算减速过程确定。《公路立体交叉设计细则》（JTG/T D21—2014）第 4.3.3 条列出了出口匝道分流鼻端通过速度；第 8.4.2 条规定了出口匝道运行速度过渡段设计和过渡段上任一点的平曲线最小曲率半径。

2 互通式立体交叉匝道通常是单车道或双车道公路，运行速度特性更加接近无路侧干扰情况下的二级、三级公路。评价重点是线形指标较低的匝道。考虑到运行速度预测模型及其参数的适用性，评价时优先选择自主标定运行速度预测模型参数，或经过项目所在地区验证后的运行速度预测模型。

3 匝道基本路段是指匝道上车辆运行不受分、合流和交织影响的路段。《公路立体交叉设计细则》（JTG/T D21—2014）第 4.4.5 条要求"当圆曲线内侧有桥墩、护栏、路堑边坡和植物等有碍通视的物体，且圆曲线半径较小时，对弯道内侧车道应进行停车视距检验，对分流鼻端前的路段应进行识别视距检验。当分隔带有护栏、防眩板和植物等视线遮挡物，且圆曲线半径较小时，对弯道外侧靠近中央分隔带的车道应进行停车视距检验。"第 4.4.4 条规定：在交通组成以大型车为主或者载货汽车视距有影响的路段，交叉公路和匝道的视距不应小于货车的停车视距。第4.4.3条对不同设计速度下匝道基本路段停车视距提出了基本要求。评价时，需根据运行速度进行验算。

对互通式立体交叉分流鼻端、合流鼻端的通视情况进行评价时，通常按图5-1计算运行速度对应的行程长度，并对围成的通视三角区内的通视情况进行评价。

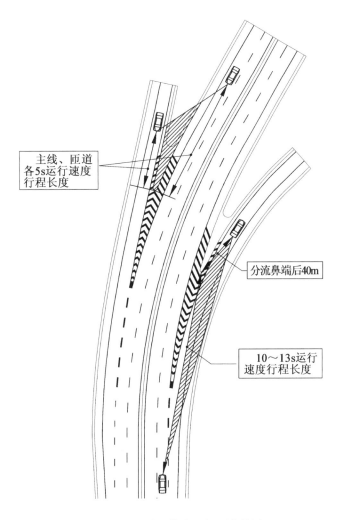

图5-1 互通式立体交叉视距参数图

5.4.6 3 考虑相交公路的功能、技术等级、交通量等方面，结合《公路路线设计规范》（JTG D20—2006）和《道路交通信号灯》（GB 14887—2011）有关条文，对采用主路优先、无优先交叉和信号交叉三种管理方式进行评价。

5.4.7 1 标志是为虽不熟悉周围路网，但对于出行路线有一定规划的出行者服务的。不同的标志设置要协调前后标志之间的位置，避免相互遮挡。标志设置路段有监控设施、照明设施、信息发布设施或者构造物时，也要协调相互位置，避免遮挡。交通标志的信息内容需通过重复设置或者连续设置来逐级传递。若同一位置的信息量适当，则可以使以正常速度行驶的驾驶人识别和理解信息。反之，如果标志内容不准确或者信息量过大，则会影响视认效果和交通安全。因此，本款规定对标志信息的合理性、指路标志信息的连续性、有效性及信息量进行评价。

标志尺寸和字高按照表 5-1 ~ 表 5-4 进行评价。多车道公路设置标志时，考虑内侧车道可能被外侧车道大型车辆遮挡视线的情况，一般在内侧行车道上方或采用门架式支撑结构增设必要的标志。

表 5-1 警告标志尺寸与评价运行速度的关系

运行速度（km/h）	≥100	90~70	60~40	<30
三角形边长（cm）	130	110	90	70
黑边宽度（cm）	9	7	6	5
黑边圆角半径（cm）	6	5	4	3

表 5-2 禁令标志尺寸与评价运行速度的关系

运行速度（km/h）		≥100	90~70	60~40	<30
圆形标志	圆形外径（cm）	120	100	80	60
	红边宽度（cm）	12	10	8	6
	红杠宽度（cm）	9	7.5	6	4.5
三角形标志	三角形边长（cm）	—	—	90	70
	红边宽度（cm）	—	—	9	7

表 5-3 指示标志尺寸与评价运行速度的关系

运行速度（km/h）	≥100	90~70	60~40	<30
圆形直径（cm）	120	100	80	60
正方形边长（cm）	120	100	80	60
长方形边长（cm）	190×140	160×120	140×100	—
单行线标志（长方形）（cm）	120×160	100×50	80×40	60×30
会车先行标志（正方形）（cm）	—	—	80	60

表 5-4 汉字最小高度与评价运行速度的关系

运行速度（km/h）	汉字高度（cm）	运行速度（km/h）	汉字高度（cm）
$v_{85}=120$	60	$60 \leq v_{85} < 80$	30
$100 \leq v_{85} < 120$	50	$40 \leq v_{85} < 60$	20
$80 \leq v_{85} < 100$	40	$v_{85} < 40$	10

4 路侧护栏和中央分隔带护栏评价时，需收集公路平纵面线形、填挖方、交通量及交通组成、运行速度等数据，了解公路路侧净区内的各种障碍物分布，与其他公路、铁路等交叉的情况。评价时需根据车辆驶出路外可能造成的事故严重程度确定是否设置路侧护栏，按照现行《公路交通安全设施设计规范》（JTG D81）规定的原则核查。

选择护栏形式时，需考虑下列因素：护栏的防护性能、受碰撞后的护栏变形程度、护栏所在位置的现场条件、护栏材料的通用性、所在地区现有公路护栏使用的效果、护栏的全寿命周期成本、护栏养护工作量的大小和养护的方便程度等。

各等级护栏标准段、护栏过渡段、中央分隔带开口护栏以及护栏端头和防撞垫的性能需满足《公路护栏安全性能评价标准》（JTG B05-01—2013）的规定。改扩建公路项目的护栏设计评价尚需符合《高速公路改扩建交通工程及沿线设施设计细则》（JTG/T L80—2014）第 5.3 节相关条文规定。

8 《高速公路改扩建交通工程及沿线设施设计细则》（JTG/T L80—2014）第 3 章提出了对交通工程及沿线设施的现状和使用效果进行评价的要求。

《高速公路改扩建交通工程及沿线设施设计细则》（JTG/T L80—2014）第 4.0.8 条第 2 款规定，对于"同向分离路段、不同加宽方式的过渡段，应提出安全、监控设施等强化方案，必要时进行专题研究。"同时，第 7.2.3 条规定了监控设施设置要求。不同加宽方式的过渡段衔接主要包括：路基段双侧加宽与单侧加宽路段的衔接、不同方向单侧加宽路段的衔接、直接加宽和分离加宽路段的衔接三种方式。本款要求对其交通安全设施、监控设施等进行评价。此外，第 7.5.8 条规定，当夜间交通量大时，同向分离路段起点的过渡段、靠近互通式立体交叉出口的同向车道分隔带开口段宜设置照明设施。

9 由于限速方案需要在符合道路交通安全法规的前提下，充分权衡安全和效益才能决策，考虑到施工图设计阶段的限速方案是初步方案，安全和效益尚需在运营期进一步验证，因此，规范在用词上采用"宜"。评价时主要对限速方式和限速值进行评价。

调研表明，目前国内外各等级公路的限速方式主要有全段统一限速、分区段限速、分车型限速、分车道与分车型结合限速、可变限速、建议限速等形式。各种限速方式在分类上有交叉，且考虑的侧重点不尽相同。由于各种限速方式有各自的优缺点和适用范围，为了提高限速的效果，需根据公路的交通特点将限速方式进行优化组合，实现优势互补，并且与速度控制设施配合使用，才能达到较好的效果。限速值的取值需综合考虑法律法规、公路功能、设计指标、车辆运行特点、路侧环境和交通安全特点等因素，并考虑交通执法的形式和可操作性。各种限速方式需与限速值相匹配，如全段统一限速和分区段限速，主要从公路设计指标的均衡性特点来考虑限速值的选择；分车型限速主要从我国小型车和大型车的速度特点来考虑限速值的选择；分车道及分车型结合限速侧重从车型速度特点和车道功能来考虑限速值的选择；可变限速侧重从极端气象条件和突发紧急情况等来考虑限速值的选择。

5.4.8 改扩建公路交通组织设计需在保障运营车辆、施工车辆和施工人员安全的前提下，尽可能减少施工期间对区域路网的交通影响，并使施工工序、施工时段与交通组织的时间相协调，以保证施工期间的交通安全。《高速公路改扩建设计细则》（JTG/T L11—2014）第 4.8.2 条对交通组织评价进行了规定，第 12 章提出了对交通组织设计的要求。安全性评价时可采用交通仿真方法，评价影响区域路段的通行能力、服务水平、交通流向、延误等技术指标。

6 交工阶段

6.1 一般规定

6.1.1 交工阶段是施工后、通车前检验公路及其设施实际效果的最佳时机，具有重要的实际意义。交工验收阶段安全性评价是保证公路安全运营和实现"平安交通"的基础，是实施交通运输安全生产的长效机制。《中华人民共和国安全生产法》（2014年12月1日起施行）第二十八条规定："生产经营单位新建、改建、扩建工程项目（以下统称建设项目）的安全设施，必须与主体工程同时设计、同时施工、同时投入生产和使用"。《国务院关于加强道路交通安全工作的意见》（国发〔2012〕30号文）第十三条要求，新建、改建、扩建道路工程在竣（交）工验收时严格安全评价，交通安全设施验收不合格的不得通车运行。为配合交工阶段进行安全性评价，本章提出交工阶段安全性评价的内容、方法和要求。

公路项目按照交工、竣工时间的先后顺序，一般有两种形式：第一种是工程完工后同时进行交工、竣工验收；第二种是工程完工后先进行交工验收，然后进入试运营期，试运营期结束时再进行竣工验收。本章提出的安全性评价内容、方法和要求适用于以上两种形式交工验收时的安全性评价。交工阶段的安全性评价需要结合施工图设计图纸、设计变更和交工验收评定资料等，强调评价人员全程踏勘现场感受行车环境，评价开放交通前交通工程及沿线设施的设置情况，并核查设计变更或施工后沿线环境变化是否带来新的安全问题等。

6.1.2 本阶段安全性评价的前提条件是项目已按设计文件要求完成主体工程和交通工程及沿线设施的施工，并经施工单位自检、监理单位抽检和质量监督机构工程质量检测认定工程质量合格。评价过程中如遇涉及工程质量检验评定的内容，直接查阅和引用相应的检验评定结果，必要时也可以提出补充检测的建议。

6.4 公路安全状况评价

6.4.4　5 正常交通工况下，隧道照明、通风、消防、监控设施等与工程质量相关，如遇涉及工程质量检验评定的内容，直接查阅和引用相应的检验评定结果，必要时也可以提出补充检测的建议。对交通阻滞、火灾等异常工况的评价涉及应急救援设施的，必要时，需结合项目情况提出进行专项评价的建议。考虑这项工作的复杂性和条文可操作性，规范用词采用"宜"。

6.4.7 1 标志评价主要通过评价人员和驾驶人实地驾驶，根据直观感受检查各种标志的视认效果，主要检查警告标志是否齐全，指路标志提供的信息是否完整、及时、准确和连续，以及标志与标线配合能否达到预期的效果。

3 需根据实际情况评价路侧护栏和中央分隔带活动护栏，核查是否需要增补护栏或者调整护栏等级，评价护栏过渡和护栏端头处理是否符合要求。如果发现防护设施存在缺陷或漏洞的路段，需对照施工图设计核查护栏设置的位置、间距、长度、高度等情况。当涉及护栏施工的工程质量或结构安全的问题时，评价时以施工单位自检、监理单位抽检和质量监督机构工程质量检测认定的结果为准。

4 防眩设施主要包括防眩板、防眩网和植物防眩。设置防眩设施的目的是避免或减弱夜间对向车辆的眩光。如果防眩设施设置不当，则可能导致防眩效果不佳或视距不良。因此，本款规定对防眩设施的设置情况和夜间实际效果进行评价。评价时注意高速公路和一级公路的分离式路基与整体式路基衔接过渡路段的防眩设施需适当延长；一级公路中央分隔带开口两侧防眩设施高度需在一定范围内逐步降低。

8 《公路工程技术标准》（JTG B01—2014）第10.4.1条第2款规定了监控、收费、通信、供配电、照明和管理养护等设施应根据交通量进行总体设计、分期实施；第10.4.2条规定了监控设施等级及适用范围。考虑到监控设施分期建设的要求和不同等级监控设施的适用范围，评价时主要针对收费站、特大桥、隧道、互通式立体交叉、平面交叉口、服务区、客运汽车停靠站等重点或有特殊需求的路段检查监控设施（如视频监视、动态信息发布和交通诱导等）的数量等是否满足需求，因此，规范用词采用"宜"。

7 后评价

7.1 一般规定

7.1.1 公路建设项目后评价通常是在公路建成通车 5 年以上并通过竣工验收后进行。《公路建设项目后评价管理办法》和《公路建设项目后评价报告编制办法》（交规发〔2011〕695 号文）要求把《交通安全评价专题报告》作为后评价的专题。根据各省（自治区、直辖市）问卷调研的结果，除了符合上述文件规定进行交通安全评价专题的项目外，仍有部分公路项目有进行通车后安全性评价的需求，如通车一段时间后，受路网条件、交通量、路侧条件、交通事故等的影响，公路的安全状况发生较大变化时，或者在竣工验收、大中修、改扩建时。对于以上情况的安全性评价，本章条文同样适用，因此，本规范所指的后评价需理解为运营后交通安全评价或者通车后交通安全评价。

7.2 评价方法

7.2.1 鉴别事故频发路段经常采用的方法有：事故数和事故率标准判定法、累计频率曲线法、质量控制法、模糊聚类法、安全系数法及公路事故鉴别专家系统法等，其中事故数和事故率标准判定法是相对简单可行的方法。

7.3 总体评价

7.3.2 调研运营情况、交通事故主要原因、交通事故频发路段和交通安全管理等方面情况是做好本阶段评价的基础。评价时需要走访公路管理、路政、公安交警等相关部门的管理人员和技术专家，并组织专题座谈。

7.3.6 与公路应急救援相关的设施主要包括公路紧急停车带、中央分隔带开口、视频监控、交通事件检测设备、动态信息发布和交通诱导设施等，这些设施直接影响应急救援的速度和效率。自 2007 年《突发事件应对法》颁布施行以来，鉴于交通事故造成的或者可能造成的严重社会危害，公路交通行业对突发事件的预防、监测与预警、应急处置与救援、事后恢复等方面越来越重视，交通事故应急预案、恶劣天气突发事件应急预案、隧道事故处置应急预案、重大节假日交通应急预案等逐渐纳入了公路的日常运营管理中,并在保障交通安全方面发挥了很大作用。因此,本条规定对与应急救援相关的公路设施和应急预案进行评价。由于应急救援是一个复杂的系统,考虑资料收集的难度和本条文的可操作性,规范用词采用"可",必要时建议进行专项评价。

7.4 公路安全状况评价

7.4.1 3 断面速度观测的样本数量、时间、地点、仪器精度、观测误差等均需满足统计分析的要求。断面速度观测方法主要有视频检测法、激光测速法以及红外检测法、雷达检测法、地磁式检测法等多种方法。

7.4.2~7.4.11 本规范提供的现场调查内容为主要内容,实际调查时需根据项目实际情况酌情增减。